TRIUNFADOR

Lorenzo L. Sellers

Texto copyright © 2013 Lorenzo Sellers

Todos los derechos reservados

A mi abuela difunta por creer en mi talento como escritor

PREFACIO

Escribí este libro con una cosa en mente... para abrir mentes las para recibir su propia riqueza interior y potencial. Toda mi vida siempre he estado interesado en ayudar a muchas personas a alcanzar sus metas y sueños. La satisfacción de las personas que he ayudado éxito siempre me ha traído gran alegría.

Este libro comparte información sobre cómo "mejorar" su vida en multitudes y le dará una visión completamente nueva sobre cómo las cosas pueden trabajar para usted dentro de su propia vida. Aprenderá en este libro completamente abre tu mente y recibir nuevos conceptos, ideas, puntos de vista que *puede* y lo *hará* cambian su dirección en la vida. Dentro de la parte II de este libro, también aprenderá a caminar por el sendero de las exitosas y aprender a usar tu mente para ganar.

Quiero dar las gracias a mi madre por encima de todas las personas para motivar a me en este libro. No habría dado cuenta que mi forma de pensar fue diferente.

También quiero agradecer a los oradores motivacionales y personas influyentes que realmente se acercó a mí con sus palabras que me ayudó a realizar esa gente motivadora e inspiradora era algo que yo nací para hacer. La gente le gusta:

Les Brown

Zig Ziglar

Jack Canfield

Will Smith

Martin Luther King Jr.

Brian Tracy

Me gustaría dar las gracias a una persona más. Me gustaría dar las gracias a mi abuela Ellen Williams que pasaron cuando aún estaba en 5th Grade. She always believed in my kind heart and passion in writing. I miss you every day and this book is dedicated to you.

Lorenzo L. Sellers, 2013

TABLE OF CONTENTS

Part I: Opening a Closed Mind

CHAPTER ONE:

LOOKING WITHIN SELF..2

CHAPTER TWO:

OPEN UP! I WANT TO COME IN! 8

CHAPTER THREE:

SEVEN LOCKS OF THE CLOSED MIND...16

CHAPTER FOUR:

UNLOCKING A CLOSED MIND:POSITIVEATTITUDE (KEY OF POSITIVITY)...36

Chapter Five:

Unlocking A Closed Mind: Imagine That! (Key of Imagination)..50

Chapter Six:

Unlocking A Closed Mind: What Are Your Dreams? (Key of Dreams).......................................60

Chapter Seven:

Unlocking A Closed Mind: Be Passionate! (Key of Passion)... 70

Chapter Eight:

Unlocking A Closed Mind: Being Optimistic (Key of Optimism)..78

Chapter Nine:

Unlocking A Closed Mind: What You Do Have (Key of Gratitude)...86

Chapter Ten:

Unlocking A Closed Mind: Grow And Flourish (Key of Love)..96

Chapter Eleven:

Surpassing Your Limitations: Road To Riches And Wealth..105

CHAPTER TWELVE:

THE SECRET TO A JOYFUL AND ABUNDANT LIFE..121

Part II: Walking the Path

CHAPTER THIRTEEN:

WHAT IT MEANS TO DISCOVER YOUR DREAM..134

CHAPTER FOURTEEN:

WHO YOU ARE...144

CHAPTER FIFTEEN:

COMFORT ZONE..152

CHAPTER SIXTEEN:

FAITH IN YOUR DREAM....................................166

CHAPTER SEVENTEEN:

CREATING THE HABIT...................................176

CHAPTER EIGHTEEN:

TIME: A WASTED FACTOR...........................190

CHAPTER NINETEEN:

PLAN ON THE MASTERMIND........................198

CHAPTER TWENTY:

STANDING OUT AND BEING SEEN................ 204

Part I: Opening a Closed Mind

"It doesn't matter when I believe the opportunity will show up. What does matter is what I do when opportunity presents itself"

CHAPTER ONE
Looking Within Self

Your thoughts really do have unimaginable power behind them. They come from a source deep within yourself that controls your actions and the way you live your life right now. It is said *one must know thyself before one can master his or her own universe.*

¿Cuál es nuestro propósito aquí en la tierra? Esa pregunta siempre parece que se presentan dentro de nuestras mentes. Así que buscamos en lugares que no deberíamos estar buscando la respuesta. Tendemos a buscarlo en otras

Triunfador

personas, religión, libros y vídeos. El único lugar que siempre encontraremos esa respuesta está dentro de nosotros mismos.

Su objetivo es *literalmente* lo que crees! Tomar el tiempo para pensar a ti mismo y preguntar: *"¿qué estoy haciendo realmente bien"?* Realmente tienes algo dentro de ti que sólo puede traer a la mesa de la vida. Todos nacimos con grandeza dentro de nosotros. El problema es en realidad sólo unas pocas personas respondieron a la llamada de la grandeza que estaba dentro de ellos. Cambiaron de cómo el mundo funciona completamente. Una de las razones principales de la mayoría de nosotros no *"contesta"*, radica en el temor al fracaso o el miedo de lo que otras personas puedan pensar. Esas razones solas esperan muchos de nosotros de hacer lo que realmente queremos hacer.

El miedo se le enseña a nosotros crecer desde la infancia. No hemos nacido con ella y la sociedad nos enseña a implantarla en nuestras vidas. Así que ¿qué hacer en mayoría de la gente? Nos limitamos a las expectativas de

Triunfador

los demás con sede fuera de miedo de juicio y esperanza para la aceptación de lo que todos llaman sociedad. Mayoría de la gente literalmente vive sus vidas según lo que otros quieren. A decir verdad, es que no lo fuimos creados para. Ningún ser humano que estaba destinado a vivir sus vidas fuera de las expectativas de los demás. Somos capaces de mirar dentro de nosotros mismos para nuestra verdadera vocación.

Hay un hombre hoy que abrazó su llamado interno y logra grandes cosas creando software de computadoras más grande del mundo, *Microsoft*. Sí, me estoy refiriendo a *Bill Gates*. Mucha gente tomó su idea y su pasión por la creatividad. Pero Gates optó por escuchar su voz interior y continuar con su aventura. Gates y su socio Paul Allen habían propuesto para revolucionar el mundo. Ahora las puertas se encuentran en la parte superior como uno de los hombres más ricos del mundo.

El éxito para ti es solamente un pensamiento lejos. Si usted lo puede concebir, lo puede lograr. Inseguridad creado por otros a tu alrededor es el culpable número uno a matar sus sueños, esperanzas y deseos. En algunos casos, también se crea por que se colocan en situaciones. A veces, es difícil ver un "camino" cuando las cosas no van como te gustaría que se vayan.

Esos son generalmente los momentos cuando la vida está diciendo que usted está seriamente fuera de pista de su vocación. La vida puede ser un maestro cruel y las lecciones, a veces, pueden ser brutales. La respuesta a estas lecciones puede causar la mente humana que seriamente cerrar y cerrar lo que resulta en una *mente cerrada*. Tener este tipo de mentalidad se cerrará la puerta a su interior, por lo que es difícil escuchar la llamada.

Esto es lo que causa nuestra imaginación para finalmente desaparecer en la oscuridad. Esto tiene un efecto en muchas partes de tu vida causando uno para convertirse en un "robot" en la sociedad. Esto significa que se muevan con la gente haciendo la misma actividad mundana cada día sin pensar.

Triunfador

Definitivamente va a tocar más en el tema de la imaginación más adelante en este libro.

¿Qué pasa si usted se da cuenta que fue fuera de pista y quiere mejorar su situación? Mucha gente mire hacia una mayor siendo una respuesta para todos sus problemas. Ellos piden salidas, pero se niegan a pasar a la acción cuando consiguen ese empujón. Ese empujón representa uno mismo tratando de romper a través de su interior. Pero lamentablemente, mucha gente espera obtener todo por nada a cambio. Cuando era niño, me enseñaron que Dios sólo recibirá la mitad. Pero debe poner en el trabajo de conocerlo.

Conciencia de sí mismo es un gran factor y el punto principal en este capítulo. Usted debe ser consciente de sus propios dones y talentos antes de que usted realmente puede comenzar a vivir la vida como quieres vivirla. Nosotros vivimos en la tierra de las oportunidades. El mismo viento que sopla sobre todos nosotros. Esto significa que la misma oportunidad de vivir una vida plena y feliz está dentro de todos nosotros. Llaman a esto la línea de

Triunfador

partida. Esta es tu vida. Vida no vivida por lo que tienes que para hacer, sino por lo que quieres hacer.

Triunfador

"Plantar una semilla de deseo en tu mente. Agua con fe, amor y acción. Ahora verlo crecer en un árbol poderoso de logro "-Lorenzo L. Sellers

CAPÍTULO DOS

Abre la puerta! Yo quiero entrar!

Well, aquí estamos. Tus invitados han llegado y la oportunidad, ideas, inspiración, amor, éxito, suerte y cualquier otra gran cosa que posiblemente puede suceder a usted. Aquellos con mentes abiertas pueden recibir todas esas cosas sorprendentes y mucho más. La razón principal de por qué estas personas pueden recibir estas grandes cosas es porque mentalmente deciden mantener abiertos sus "puertas".

Triunfador

En otras palabras, que poseen una mente abierta. Esto significa que pueden ver diferentes perspectivas en cualquier situación. Verdaderamente pueden encontrar el bien en todo. Esto significa que tienen una actitud positiva sobre él. Entraré más detalles acerca de positividad en el capítulo 4.

Hay muchos hombres históricos y las mujeres que mantienen una mente abierta acerca de los factores más en su vida e hicieron grandes cosas con sus vidas. Yo fui una vez dije que nuestra mente es como un paracaídas, sólo funciona cuando está abierta. Para ser justos, es comprensible por qué es difícil para la mayoría de la gente a abrir sus mentes a nuevos conceptos e ideas. En alguna parte, de alguna manera, un estándar se ha establecido para la gente "Cómo" vivir sus vidas. Hemos sido divididos en categorías y clases. Los ricos y los ricos son los más altos de las clases sociales. Viven su vida con una enorme cantidad de opciones. Entonces tienes la clase media. Aún quedan bastantes opciones sobre cómo vivir sus vidas, pero no tanto como los ricos. Por último, usted tiene el pobre o la pobreza clase. Se dice que aquellos que viven en esta clase no tienen poco o ningún opciones y no pueden escapar de este estilo de vida.

Realmente creo que esto es falso. Puede cambiar la configuración de toda la vida, no importa lo que sea, con un solo pensamiento o idea. No importa dónde naciste y que dio a luz. Literalmente tu vida gira alrededor de ti y tu estado de ánimo. Concedido, es difícil tener una mente abierta cuando están rodeados con personas de mente estrecha.

Esos son los principales que pondrán bajo cualquier y todas las ideas que le inspirará a salir a hacer grandes cosas. Tiene tiene un similar efecto de cadenas te sostiene en su lugar. Sin embargo, las cadenas pueden ser tan reales como quieres que sea. Por esta razón este libro anima a abrir la mente para ver su interior "clave". *Eres lo que te rodeas.*

Aquí hay un conjunto de preguntas que se medir dónde está mentalmente cuando se trata de tener una mente abierta en este momento en tu vida. Es mejor que ser sincero

Triunfador

con uno mismo. De esa manera, usted tendrá más de un resultado exacto. Escriba estas preguntas en tu libreta en algún lugar y llévalo contigo.

Mentalidad auto-comprobación preguntas

¿1. Hago lo que quiero hacer en este momento de mi vida? Si no, explicar por qué.

¿2. Obtengo un poco irritado cuando oí que alguien que conozco está haciendo lo que quieren y alcanzar sus metas?

3. ¿estoy poniendo siempre siento que tengo una idea que puede cambiar el mundo?

4. ¿Son mis metas que me propuse para hacer que se cumplan en este momento?

5. ¿si creo que son demasiado grandes para lograr mis metas?

¿6. Cada vez que me entero de oportunidades legales para ganar más dinero, saltar derecho al escepticismo porque no me lo creo o tengo entendido que cualquier otra cosa además de tener un trabajo es falso?

7. ¿si creo que éxito viene solamente a aquellos "nace" con la oportunidad?

¿8. Me siento atrapada dentro de la "caja" establecida por la sociedad?

9. ¿soy feliz con mi vida ahora?

¿10. agradezco las cosas y personas que ya tengo en mi vida?

El resultado de esta prueba es completamente dependiente sobre usted. Si usted contestó sí a la mayoría de éstos, tienes una mente cerrada y dudas. Pero no temáis! Eso es exactamente lo que este libro es para. Los objetivos de este libro que abre tu mente a diferentes perspectivas en la vida y ayudar a lograr iluminación.

Debes estar hambriento de autodesarrollo. Mayoría de las personas vive sus vidas como una rosa cerrada. No es ' hasta que abres tu mente que florecer en una flor hermosa y radiante. Algunas personas encuentran

Triunfador

comodidad ser negativo sobre algunas cosas en la vida porque "justifica" por qué ellos no están siguiendo sus sueños. Esta mentalidad es simplemente saludable!!! Hay gente muriendo de corazones rotos porque hicieron lo contrario de lo que querían hacer. Una cita de uno de los seminarios *De Les Brown* afirma "*la mayoría de paros cardíacos se producen en un lunes por la mañana entre 8:00 y 9:00*".

Personas están muriendo de la idea de ir a trabajar!!! Concedido, hay gente encanta sus trabajos porque pueden ver el lado bueno de lo que hacen. Eso va con tener una mente abierta. Pero usted tiene gente que estaría más bien siguiendo sus propias metas personales y deseos. Pero debido a lo que oyeron toda su vida acerca de cómo funciona la vida; cierran sus mentes a posibilidades infinitas. Generalmente son los que mueren de un corazón roto.

Así que en resumen, tener una mente cerrada puede literalmente matar. No sólo físicamente, sino también espiritualmente también. Este libro alterará un cerrado con

Triunfador

vocación de vida de la persona y colóquelos detrás en pista. No puedo expresar lo suficientemente cambiar su mentalidad para un cerrado a la posición abierta es lo vital para su salud. Uno de estos temas, por ejemplo, ganar entra en pérdida de peso o del músculo. Lo escuchamos todo el tiempo, "no puedo perder peso porque..." o "no puedo ganar el músculo o porque se ve así..."

El "no" es producto del miedo que representa un bloqueo en su mente que impide su "puerta interna" completamente abierto. Voy a explicar esto en el próximo capítulo. En pocas palabras, su éxito es justo afuera de la puerta. Sin importar cuán grande sea tu éxito, será capaz de llegar a tu vida sólo si tú lo permites. No existe tal cosa como "No puedo ser exitoso". Se puede y se. Ahora se están asegurando mediante la lectura de este libro. Usted es uno de los pocos que decidieron llevar su propio destino, destino y futuro en sus propias manos. La vida es exactamente lo que haces. Y en el resto de esta "Biblia de la mente", usted descubrirá, para aquellos que

Triunfador

no han descubierto aún, su verdadero potencial. Vamos a empezar!!!

"Tu mente es como un paracaídas. Sólo funciona si está abierta". -Anthony J. D´Angelo

CAPÍTULO 3

Siete mechones de la mente cerrada

Yon en este capítulo, nos irá sobre las siete emociones que cierren completamente tu mente a cualquier concepto o idea que puede mejorar la vida de uno. Tenga en cuenta, hay otros factores que contribuyen a una mente cerrada. Pero en este libro, voy a comentar sólo siete *grandes* emociones, que me gusta llamar, los siete mechones de la mente cerrada.

Estos "candados" sirven un medio para bloquear cualquier tipo de sucesión en tu vida. Causa un obstáculo para una carrera, objetivo, trabajo, empresa o cualquier otro deseo que quieres en la vida. ¿Quién crea estos candados en la vida? Generalmente es creado por las personas que se ocupan de esta interferencia. Sin embargo, en muchos casos puede ser la gente que decide rodeas. Tú eres quién andas con.

Si usted decide quedarse gente negativa todo el tiempo, entonces es exactamente el tipo de persona te conviertes en y las circunstancias que pueden estar involucradas también son negativas. Además, del otro lado de esa moneda, rodearte de gente positiva y exitosa y cómo tú y tu vida tenderá a salir. Más oportunidades tienden a surgir y vivir una vida mucho más feliz. Tan guiso dentro de lo negativo y cuidado, aquí viene la cerradura!!!

IRA

Wow!!! Cuidado con esto! Esta emoción es la primera esclusa que definitivamente se cierra la puerta cierra en tu mente. ¿Has

Triunfador

alguna vez metido en una discusión y totalmente dejado de escuchar lo que la otra parte tiene que decir? Ya no estás en información pero sólo escupir o gritando hacia fuera. Niegan a ver ángulo de la otra persona sobre el tema en cuestión y no puede venir a una solución pacífica.

Esto va para nada la situación en tu vida. Si pasa algo que no te gusta en tu vida, ira es generalmente la primera emoción que alcanzamos. *Por ejemplo, está trabajando en una empresa y aplicar para una posición. Pero no eras la única persona que lo solicitó. Puede haber otro que quiere esa promoción. Como pasa el tiempo, trabajan 110 por ciento para asegurar que recibas ese ascenso sobre la otra persona. La alta gerencia tomó su decisión y descubres que no fueron seleccionados para la posición de.* Esto es indignante!!! Dos veces tanto como alguien trabajó en la compañía y todavía le dieron la promoción a otra persona. Algunas personas pueden reaccionar diferentemente. Pero en la mayoría de los casos, ira es la primera reacción y causa uno realizar acciones no muy favorables por decir lo menos.

Así que en vez de aceptarlo y teniendo en cuenta por qué eligieron otros, muchas personas tienden a quejarse o peor aún, dejar. Si uno mantiene quejarse o renuncia sólo porque las cosas no van camino que una vez, cómo puedes esperar a alcanzar sus metas. La vida está llena de fracasos y decepciones, pero ira hará que usted acepte a un temporal "derrota" y cerrar tu mente a otras maneras de acercarse a su meta.

ORGULLO

La segunda cerradura de la puerta de una mente cerrada. Yo diría que éste es peor que el enojo. Orgullo por muchos siglos tiene causa caídas de reinos. Así que imagina lo que hace a una sola persona. Orgullo ciega para ver cualquier otro concepto o idea que difiere de lo propio. Esto trae el verdadero significado de tener una mente cerrada. Diablos, lo hace hermético!

Triunfador

Este bloqueo impide el progreso en todos los sentidos de la palabra. Compara a usted golpea una pared de ladrillos. Orgullo es difícil de superar que ira. Ira se desploma después de un rato; Orgullo teje en tus creencias, bien o mal. Así que definitivamente será un poco difícil de superar esta barrera. Esta cerradura en una mente cerrada terminará cualquier alianza que tengáis mientras sus conceptos contradice tuya, alianzas, amistades y relaciones.

Se dice que el orgullo es un pecado en muchos aspectos religiosos. Bastante creíble si notaste el efecto que tiene en su vida. Nada bueno viene de él en absoluto. Vamos a repasar la lista de efectos que esta barrera tiene en su vida:

- Previene el progreso
- Termina todo tipo de relación
- Crea hostilidad (a veces)
- Opiniones diferentes bloques de entrar en la mente

Triunfador

- Aislamiento potencial

Como puedes ver, orgullo de hecho va a arruinar tu vida. Orgullo se crea a través de la baja autoestima de uno es uno mismo. Así se crea para sentirse superiores a los demás. Así ideas procedentes de nadie no conseguirá su "sello de aprobación". Este efecto algunos dirigentes de empresa que permite orgullo a reinar. Su empresa nunca puede crecer con ese tipo de mentalidad. Un líder que está abierto a todos, gana la sabiduría de todos. Aunque ira se cierre y Trabe la puerta temporalmente, orgullo sigue poco después para evitar que se cierre hermético. Pero esta cerradura es prácticamente indestructible. Hay esperanza para aquellos con orgullo correr a través de ellos. Discutiremos la llave para abrir esta barrera en capítulos posteriores.

RESENTIMIENTO

Siempre habrá circunstancias que ocurren dentro de nuestras vidas que será, por decir lo

Triunfador

menos, indeseables. Pero podrá aceptarlo y seguir adelante o usted puede guisado en el odio. En muchos casos, algunas personas culpan al gobierno por sus problemas financieros. Entonces empiezan a resentir todo impedirles continuar o el crecimiento de la circunstancia que ha tenido lugar.

En este punto, sería difícil para que vean el partido siendo culpada de alguna otra manera. Hay un montón de grandes oportunidades que ofrece este país. Pero incluso resentimiento puede mantenernos a verlos realmente. Por ejemplo, *desde que eras un niño, todo lo que escuchaste de tus padres fue, "los ricos son personas que engañó y engañaron a otras personas para llegar donde están". Así resentía quien es remotamente exitosa en áreas no.*

Lo triste es personas heredan estos puntos de vista de sus padres. Así que tienes un montón de gente que se impide ver cualquier otra vista simplemente porque eso es lo que oyeron. Así que los niños crecen a resentir la «causa» del dolor de sus padres. Esta forma de pensar sin duda creará una mente cerrada porque sólo ves las cosas en un punto de vista. Este cierra en tu mente sigue generalmente después de ira, la primera cerradura.

Estas emociones que te hacen sentir mal tienen un impacto negativo en serio en su vida y sus experiencias generalmente seguirán. Cuanto más le molesta nada, más si continúa "haciendo" lo que molestaba para en primer lugar. Esto es definitivamente uno de los más devastadores cerraduras de la puerta de una mente cerrada.

Usted simplemente no beneficiarse de esto qué tan nunca. Es un veneno que puede cortarse con su vida por la mitad. Lo que significa que sólo verá el lado malo de la vida más que el bien porque se está concentrando toda su energía en lo que es malo. Es mejor ver todo en diferentes perspectivas para tener una buena idea sobre cómo funcionan las cosas. Resentimiento crea límites o barreras para ti y es verdaderamente último que usted quiere. Expansión de la mente es prevenida por el resentimiento. Cuando abres tu mente, es crear más espacio para tener éxito en tu vida para sentar. Sin embargo, este cierra ocupa espacio en tu propio personal "universo" y crear problemas para usted. Pero como muchas cosas, es posible superar dependiendo de cómo este bloque del camino que fue expuesto al resentimiento. Una vez que este bloqueo se ha ido, un mundo completamente nuevo se abrirá para ti. Uno donde se pueden ver las ventajas y oportunidades claro como el día!

MIEDO

Miedo a lo desconocido puede ser un poco de miedo a aquellos que no viajan fuera de su zona de confort muy a menudo. Sostiene luego de tomar riesgos y no explorar áreas nunca pensado aprovechar. El miedo es la cerradura cuarta a una mente cerrada. Este concepto cierra una mente más rápidamente que otra emoción hay. ¿Has oído la frase: "*no veo porque no quiero ver*". Miedo contribuye a esa cita. En cuanto a la mente, el miedo es cambio indeseable que ocurre dentro de tu vida. Esto provoca que se exterioricen ira, orgullo y una vez más, lo adivinó resentimiento! Un ejemplo se remonta a la edad antigua cuando corrían sobre las brujas. Cientos de personas acusadas de ser "diferente" fue quemados, ahogados y torturados durante años por encolerizadas. ¿Por qué se enojaron preguntas? *El miedo.* Era el miedo a lo desconocido, el desconocido, que los condujeron. Debido a su falta de voluntad para aprender más sobre las brujas, mucha gente murió.

¿Viste la lección dentro de esa historia? Todos sabemos por ahora que tener una mente cerrada puede ser fatal para su éxito, pero un grupo de personas con una mente cerrada con el único propósito de destruir lo que temen o no entienden puede ser fatal período! Esta emoción causó guerras, peleas y muchos actos violentos todos juntos. Esto limita gravemente su capacidad de entender un concepto o idea que puede cambiar la forma en que piensa, o cambia tu vida en general.

Otro ejemplo sería la historia de Jesús. *Jesús estaba cambiando vidas cada día como viajó*

Triunfador

por difundir la palabra de Dios y milagros. Trajo esperanza a muchas vidas dentro de su vida, pero el gobierno y otras personas en el poder temían que esto traerá cambios indeseables. Así que organizaron para poner a Jesús hasta la muerte. Temor causa una vista corta, significado uno no será capaz de ver una foto más grande. También provoca crear razones por qué no dejan en su zona de confort. Y para ellos, sus razones son justificadas. El acrónimo temer es "Falsa evidencia apareciendo Real".

Esas "pruebas falsas" fueron creadas por su mente saturada en el miedo. Les hizo sentir como si lo que Jesús hacía era un acto malvado porque fue contra todo lo que creían. El miedo se describe como una caja que te rodea. Las paredes están cercanos y es difícil para que usted pueda moverse. Pero muchas personas optan por permanecer dentro de ese cuadro simplemente porque es lo que son usadas para. Es un territorio familiar para ellos y como saber exactamente lo que viene después. Estoy aquí para decirles que me es familiar no significa que es el mejor camino a seguir.

Muchas personas exitosas enfrentaron sus miedos y viajaban a territorios desconocidos porque se dieron cuenta de la verdad detrás de lo que temo es realmente. ¿Parece una tarea sencilla razón? Para muchos, superando esta barrera requiere mucho trabajo y la motivación adecuada.

CELOS

Los celos trae consigo la *"legendario monstruo verde eyed"*. El término "monstruo" es bien merecido teniendo en cuenta que los celos destruye toda esperanza de ser verdaderamente exitoso. No es ningún secreto que hay un montón de gente que consigue exactamente lo que quieren hacer en la vida. Que son en verdad vivir la vida como lo estimen conveniente. Y con ese tipo de gente, tienes gente que mira sobre el éxito de envidia. ¿Qué hacen? No hacen absolutamente nada en absoluto para ayudarse a alcanzar sus necesidades y deseos. En este punto, este grupo de individuos se

Triunfador

siente mal y pone su mente en un estado donde les falta motivación para lo hacer lo que de la vida.

En lugar de ganar fuerza desde la exitosa, que quejan de su vida es diferente y nombran todas las situaciones y circunstancias que pueden haber ocurrido a ellos para tener éxito. Un hombre sabio me dijo una vez *si hay alguien que, por casualidad, es hacer algo que te gustaría hacer y es exitosa, entonces sería prudente tomar notas y aprender de ellas.* Los celos sólo pondrían en el camino de conocimiento y sabiduría. Quienes abrazan los celos también disfrutan de otras personas que ya ha alcanzado una mente abierta y tiene un deseo de querer más de la vida. Es como aquel dicho antiguo pero verdadero *"compañía miseria"*. Por ejemplo, *que tú y tu amigo crecieron juntos. Y ellos conocen como si eran hermanos y los del otro sueños compartidos. Puede conseguir trabajos como adultos y finalmente olvida cuáles eran sus sueños. Entonces un día, tú decides que quieres ir tras tus sueños y hacerlos realidad. Así que empiezas a trabajar y lo está haciendo muy bien. Ahora tu amigo sin embargo sigue haciendo la misma rutina de ole día tras día. Te ven bien, y en lugar de pedir prestado de tu fuerza, intentan derribarte volver al nivel que están en.*

Los celos incluso tienen una manera de acabar con las amistades también! Este monstruo de una emoción puede ser vencido sin embargo. Más adelante en este libro, usted aprenderá cómo matar a esta bestia y ganar el día!

DESESPERANZA

Este bloqueo de la mente cerrada es de lejos el peor que creo. No hay nada peor que no tener ningún tipo de esperanza de vivir la vida que quieres. Con esta emoción, tiendes a sentirlas drenado de tus días. Se siente como si no hay ningún incendio, sin pasión y sin motivación para vivir. Esta emoción es causada generalmente por un evento que puede haber ocurrido que tomó o "robado" su esperanza lejos.

Triunfador

Tu mente está cerrada para creer que hay motivos para seguir adelante. Sin una base sólida de la creencia, uno puede encontrar se perdió en la oscuridad de los desesperados. Hay muchos ejemplos por los cuales puedo explicar los efectos de la desesperanza, como terminación de trabajo, muerte en la familia, problemas de pareja, deuda, abundancia de facturas, etc., que pueden crear la sensación "en el hoyo" como si no hay manera pueda salir. Esto cobra su peaje en su mente como lo tiras lejos alguna idea para mejorar su situación.

Otra manera de describir la desesperanza es la depresión. Su espíritu interior se llenan de negatividad y provocar una actitud negativa y mentalidad. Sí, es todo acerca de la mentalidad. Tienes un montón de gente en el mundo de hoy que creen que sus problemas son más grandes que ellos. Así que van en la mentalidad de, y lo has adivinado, desesperanza. Ahora que ha dado inicio a este efecto, lo encontrarán muy duro para encontrar una solución a sus problemas o para "ver la luz al final del túnel". Esto crea algo hacia el efecto de un laberinto en tu mente. ¿Te imaginas paseando por días, semanas, años para encontrar la manera más rápida a la salida? Sólo pensarlo te hace creer que es inútil.

Desesperanza evita que la mente humana a pensar fuera de la caja, obstaculizando su progreso. Por ejemplo, supongamos que usted tiene sobrepeso y está tratando desesperadamente de perder mucho peso y cada día ves gente paseando feliz, saludable y delgado o ajuste. Dos cosas suceden en este momento. Tampoco dice que lucirás mejor pronto o se podría decir que nunca se ve así o que ni remotamente cerca. Lo creas o no, un montón de gente, elige en realidad el segundo pensamiento como su principal.

Y ahora, cayeron en la mentalidad de desesperanza total. Ahora no tienen poco o ninguna motivación para pasar a realizar su sueño de un cuerpo en forma. Uno debe superar esta barrera puede saberse su sueño.

ARROGANCIA

Triunfador

Esto puede ser confundido con confianza en sí mismo. Arrogancia desempeña un papel importante como la cerradura final en una mente cerrada. Trucos la mente creyendo que sabe todo lo que necesita saber sobre, bueno, todo. Completamente lo ciega al hecho de que haya información nueva sobre todo. Ser arrogante, se niega a creer que no hay nadie que sepa más sobre cualquier tema. Así que a su vez, recibir nuevas ideas o conceptos de otras personas es simplemente imposible.

Arrogancia se alcanza generalmente cuando una persona tiene un poco de éxito en la vida. A mi experiencia, jugadores de baloncesto muestran una cantidad excesiva de este rasgo. Algunos de ellos, no hay nadie en la existencia que puede ser mejor que ellos en el deporte. Mantener una mente abierta que hay mejores jugadores afuera es difícil para los arrogantes. Así que es difícil para ellos a expandir y hacer crecer como jugador y como persona. Pero no pongamos este rasgo solamente en jugadores de baloncesto. Esta barrera se encuentra dentro de todos nosotros

Triunfador

y tiene el potencial para crecer a menos que nosotros lo permitimos.

Arrogancia en viene cuando permitimos que nuestra confianza se desborde. No estoy diciendo que no es aceptable para tener confianza en sus habilidades y a ti mismo. Como mis mayores siempre me decía cuando era joven, "no lo dejes ir a tu cabeza". Los efectos que este rasgo tiene en su vida podrían ser perjudicial. Podrías perder relaciones con tus amigos, debilitarlo con familia y causar todo tipo de hang ups en vida. También provoca su perspectiva a estar un poco sesgado. Esto es definitivamente una "una manera calle". Tu mente sólo cree en una conversación unidireccional. Su manera o no.

Estos bloqueos dentro de una mente cerrada pueden hacer difícil abrir la puerta. Como niños que nacimos con mentes abiertas. Siempre hemos sido curiosos y quieren probar cosas nuevas. Como vamos por la vida, estos bloqueos se crean a través de nuestras propias experiencias. ¿Qué determina si terminamos con una mente

Triunfador

abierta o cerrada depende de lo que llevamos de estas experiencias. Este libro es ayudar a aquellos que tal vez han tomado un camino "equivocado" y cerró sus mentes. La misión es ayudar a los lectores entran en un estado de ánimo que le ayudará a recibir la abundancia de vida y oportunidad, así puedes convertir en su propio éxito personal. Y aunque ya tiene la mente abierta, podría recoger algo nuevo dentro de este libro que no hubiera pensado antes. Todos aprendemos y crecemos con nuevos conceptos entrados en nuestras vidas. Ahora vamos a empezar nuestro viaje a abrir su mente y acelerando su historia de éxito para venir!

Triunfador

"Nuestro temor más profundo no es que seamos inadecuados. Nuestro temor más profundo es que somos poderosos sin medida. Es nuestra luz, no nuestra oscuridad que más nos asusta. Pedimos nosotros mismos, '¿quién soy yo para ser brillante, magnífico, talentoso y fabuloso?' ¿En realidad, que no se quiénes son? Eres un hijo de Dios. Jugando su pequeño no sirve al mundo. No hay nada iluminado en encogerse para que otras personas no se sientan inseguros a tu alrededor. Todos estamos destinados a brillar, como hacen los niños. Nacimos para hacer

Triunfador

manifiesto la gloria de Dios que está dentro de nosotros. No es sólo en algunos de nosotros; es en todo el mundo. Y como dejamos nuestra propia luz brille, inconscientemente damos a otros permiso para hacer lo mismo. Como nos liberamos de nuestro propio miedo, nuestra presencia automáticamente libera a otros."-Marianne Williamson

CAPÍTULO 4

Desbloqueo de una mente cerrada:

Positivo

Actitud (clave de positividad)

S Helen apagado por ser seropositivo puede y será de puertas abiertas para usted dentro de tu vida. Puede cambiar su perspectiva sobre cualquier situación dando conocimiento a toda la imagen. Concedido, es difícil tener esa mentalidad todo el tiempo, pero les aseguro que es totalmente posible. La positividad puede ponerte en una mentalidad donde se pueden ver las cosas más claramente. Esto introduce también entusiasmo que ayuda a hacer las cosas más fáciles de lograr. Todos hemos estado en situaciones desfavorables donde tener una actitud negativa parece ser la forma ideal de tratar. Negatividad puede espiritualmente y físicamente drenar. Así no sólo aún te sientes mal, pero no puedes ver otra forma de mejorar la situación de conjunto puede pulg

Tener una actitud positiva es la opción sólo clave aquí para despejar el camino. Este concepto también ayuda cuando quieres "pensar fuera de la caja". Sosteniendo y creyendo en este concepto se inspiran y abre tu mente a las diferentes posibilidades ahí fuera en el mundo. Empiezas a ver que la vida es un viaje magnífico y oportunidades tienden a venir a ti tan fácilmente como los flujos de agua río abajo en un río. Llamamos a quienes asistimos a pasar por esa experiencia los "afortunados". La suerte tiene poco que ver con su abundancia de buena fortuna. Ellos entienden que tener una actitud positiva produce resultados positivos. Atrae lo pones literalmente hacia fuera. ¿Has notado que aquellos que se quejan de la

Triunfador

mayoría sobre todo tienden a permanecer en esa situación? Sentarse y meditar sobre eso un poco. Se resiste a su situación y sigue regresando por más. Fue Carl Jung quien una vez citado, "lo que resistes persiste". Palabras más verdaderas nunca se han hablado. Negatividad es un factor de resistencia y provoca a toda clase de estragos en tu vida.

Impide su progreso y expansión de la mente. Todo comienza con un solo pensamiento. Y si permite que la energía negativa dominar ese pensamiento, las circunstancias negativas aparecen de la nada. Esto es lo que crea malos días o "mala suerte". No estoy insinuando que no ocurren situaciones malas a aquellas personas con una mentalidad positiva. Lo que estoy diciendo es que es completamente hasta si esa situación negativa se convierte en algo más o se muere antes de que tiene la oportunidad de crecer en absoluto.

Cuando me puse mi uniforme cada noche antes de ir a trabajar, me miro en el espejo y empezar a decirle no a dejar que nada me puso de mal humor. Este es mi día y depende

Triunfador

totalmente de mí cómo resulta desde aquí. Digo un versículo del Salmo 23:4. *"sí aunque ande en Valle de sombra de muerte, no temeré ningún mal; Porque tú estás conmigo; tu vara y tu cayado me infundirán aliento"*. No es el verso que me incita a pero el significado detrás de las palabras.

No dejaré que la gente negativa o situaciones a mí y dominan mis pensamientos. Me debo mantener una mente abierta y positiva. Y generalmente mi día pasa muy rápido. Todo está en su actitud. Profundicemos más en ventajas y desventajas de tener actitud. Cuando la gente escucha la actitud de la palabra, creen que para ser negativos al principio. Pero recordemos que hay dos tipos de actitudes positivos y negativos. Se sabe qué tipo de actitud tiene una persona por leer su lenguaje corporal, escuchando lo que hablan, o por sus acciones.

Una actitud positiva es muy contagiosa. Causa gente a su alrededor para sonreír y posiblemente elevar su día también. Una persona con una actitud positiva es usualmente la con energía y no ve es una

Triunfador

tarea como "demasiado grande", que mezcla con entusiasmo. A mi experiencia, es un elemento clave necesario en cualquier espacio de trabajo para mejorar la eficiencia y trabajo en equipo. Los empleadores absolutamente amar a la persona con una actitud positiva. Algunas cualidades que muchos empleadores buscan es puntualidad, limpieza y una "positiva" o, como todos lo sabemos, actitud positiva. Se ha demostrado que la buena vibra de una persona puede cambiar las mareas de muchos. Esto, en muchos casos, proporciona un enorme dinero haciendo ventaja a los empleadores. ¿Pero por qué parar ahí? Si eres autónomo, tener una actitud positiva consistente en efecto llevaría su proporción de ingresos a grandes alturas.

¿Cómo usted puede pedir? Este elemento clave le ayudará a mantener una mente abierta y una mirada hacia fuera para cualquier oportunidad que puede ayudar a su negocio hecho a sí mismo a crecer. Un hombre que ejemplifica el verdadero significado de ser positivo creado el caramelo

Triunfador

bien popular conocido como habas de jalea Jelly Belly. Su nombre era David Klein. Primero vino aquí con esta idea en 1976 para crear gomitas sabores gourmet. Hoy en día, es una de las marcas de dulces preferidas de los Estados Unidos hasta la fecha. El Sr. Klein tuvo una actitud positiva en serio sobre la gente. Le encantaba ver a la gente sonríe como les dio la oportunidad de alcanzar sus sueños.

Positividad, como he dicho antes, se extiende y abre las mentes de muchos. Creo que desde aquí es seguro asumir que tener una actitud negativa bloquea cualquier suerte de entrar en tu vida.

Estudiaremos cómo positividad ayudará a afectar la carrera de una persona en el entorno empresarial. Por ejemplo, *Brian ha estado trabajando para una empresa de renombre desde hace 7 años. Está constantemente temprano al trabajo y la última en irse al final del día. Su actuación es impecable y la gente que trabaja con realmente gozar de su presencia en la oficina. Trabajo de Brian es muy exigente*

Triunfador

como maneja las finanzas de la empresa. Pero también lleva en otros trabajos y tareas en distintos departamentos para promover su sed de experiencia. Siempre aparece con una sonrisa en su rostro y una canción en su corazón. Si la positividad tenía una cara, sería de Brian. Las evaluaciones se acercan y esto podría ser la oportunidad que estaba esperando para ser promovido a la gerente de ventas de cabeza que solicitó, pero tiene competencia. Steve ha estado trabajando allí desde hace 9 años. Steve también es temprano a trabajar cada día y una de las últimas personas a despegar al final del día. Su rendimiento también es impecable en lo que hace, pero su actitud conduce a la gente. Steve cree en haciendo lo mínimo. Trabaja en el Departamento de ventas de la empresa y también solicitó la misma posición que Brian. Así como las ventas, Steve tiene más experiencia que Brian hace en ventas. El director ejecutivo y la Junta directivas miran tanto los perfiles de los dos candidatos. ¿Quién crees que tiene la promoción? Era un sugerirá al principio. Pero al final dieron la promoción a Brian.

Triunfador

¿Lo que podría haber cambiado la corbata en un deslizamiento de tierra? Steve tenía más experiencia y tenía antigüedad sobre Brian. Así que ¿por qué Brian terminó ganando el día? El CEO llamado quienes trabajaron con ambos y pidió que le siguen. Por Brian edificante y actitud positiva, lo motivó a otras personas a hacer un poco más. Es una inspiración para la oficina y un activo valioso para la empresa. Buenas vibraciones de una persona pueden cambiar el rumbo de muchos. Aunque Brian no tenía poca o ninguna experiencia en ventas, su entusiasmo le dio la posibilidad de un aprendizaje rápido. Su mente estaba abierta para recibir nueva información y ampliar.

Recuerda, en el entorno de trabajo, no siempre el más experimentado que pone la promoción. A veces, depende totalmente de su actitud. Es mucho más fácil trabajar con una persona positiva que una persona negativa. El Director General decidió seguir el camino de menor resistencia. Gente no le gusta ser positivo simplemente porque tienen miedos de lo que piensen los demás. Tienes

Triunfador

gente allá afuera que golpear y tratar de derribar la positividad sólo porque sienten que no tiene un lugar alrededor de ellos. Pero te puedo garantizar esto; va a hacer más amigos y forjar relaciones con personas diferentes que usted tendrá enemigos. Esto a su vez lo expondrá a muchas diferentes ideas y conceptos que potencialmente podrían cambiar su vida y en algunos casos, aumentar su flujo de ingresos.

Para aquellos que tienen sus propios negocios o pensar acerca de cómo iniciar una, esto puede ser un factor clave para ti. No es ningún secreto que da mejores resultados que trabajando con uno trabajando con dos cabezas. Recuerda, nadie quiere trabajar con un "nancy negativo". Así que tener una actitud positiva va un largo camino en el mundo de ganar dinero. Con eso dicho, surge la pregunta, *cómo permanezco positivo sobre una base diaria?* Entiendo que permanecer positivo sobre una base diaria puede ser un reto para muchos. Hay factores a considerar, donde usted vive, las personas que están alrededor, lo que su entorno de trabajo

Triunfador

consisten, etc.. Bueno, aquí están algunas pequeñas acciones que puedes hacer diariamente para ayudar a mantener una actitud positiva y saludable.

Consejos diarios para una actitud positiva

- *Despertar temprano-* Obtener una ventaja en su día. De esta manera, tienes tiempo para todo lo que debes hacer antes de que te diriges al trabajo o escuela hacer. Así que cuando llegas, estás listo y completamente despierto para empezar el día!

- *Libros de lectura motivadora e inspiradora-* Una de las mejores maneras de mantener una actitud positiva es leyendo libros positivos. Estos libros sirven para animarte, te inspira y te enseñará a ser positivo. Esto requiere que te quedas quieto y centrarse en el mensaje del libro. Al centrarse en algo positivo que le

Triunfador

ayuda a mantener una actitud positiva durante todo el día.

- *Escuchar podcasts /cds*- Esta es una de las mejores maneras de mantener una actitud positiva. Escucha a motivar e inspirar a podcasts o cds. La magia detrás de esto es que puedes escuchar a ellos en cualquier lugar. Usted puede escuchar mientras usted trabaja, conducción, ejercicio, caminando, o en vuelo. Lo mejor para escuchar algo positivo cada día.

- *Ejercicio*- Es una de mis favoritas personal. El ejercicio ayuda a reducir el estrés y expulsar cualquier energía negativa que haya acumulado durante el día. Al hacer este paso, usted también mejorar tu salud que ayuda a aumentar su energía. Te recomiendo que realizar este paso por lo menos 3 veces por semana. Es un hecho que cuando te ves bien, te sientes bien. Y sentirse bien es genial!

Triunfador

- *Meditar*- Meditación proporcionará una conexión algo espiritual a su interior. Despejar la cabeza de todos los pensamientos y concentrarse en lo que son sus metas en la vida. Dejar todos los pensamientos negativos. Este método también ayudará a conectar a la "inteligencia infinita" o a Dios. Tener paz interior conduce a una paz externa o una actitud positiva.

- *Mantener el positivo alrededor-* Uno de los mejores movimientos que puedes hacer es mantener a personas positivas a tu alrededor. La empresa que mantienes tiene un gran impacto en su vida. Estas son las personas que ves a diario y lo último que necesita es alguien negativo siendo constantemente en la oreja. Si no lo ha hecho, rodéate de gente que quiere ser como. Si quieres tener éxito, entonces rodearte de gente exitosa, positiva, edificante.

Triunfador

Siguiendo estos pasos diariamente sin duda le ayudará permanecer profundamente dentro de la piscina de positividad. Sin embargo, un escollo a la vida en general es que todo no siempre según el plan. Por este suceso, un montón de gente tienden a caer un temporal "funk" o depresión. Una cosa para recordar es que todos los planes que no siempre la manera que lo planeado. Sabiendo esto y aceptarlo antes de planificar nada, está más expuesto a ser flexibles. Esto a su vez le ayudará mantener una actitud positiva, incluso si las cosas salen mal. Usted siempre tendrá otro plan para respaldar su uno anterior. No existe tal cosa como barreras en el camino al éxito, sólo golpes de carretera. Mantener una actitud positiva y disfruta del viaje.

Triunfador

"Si no como algo que cambia Si no puedes cambiarlo, cambia tu manera de pensar acerca de ello"-Mary Engelbreit

CAPÍTULO 5

Desbloqueo de una mente cerrada:

Imagina

Que! (Llave de la imaginación)

W gallina que éramos niños, había una cosa que hemos desarrollado más rápido que cualquier otra habilidad. Esta fue nuestra imaginación. Se nos dijo en algún momento en nuestra infancia nunca perderlo. Ésos eran sabias palabras y palabras que han seguido la

Triunfador

mayoría de nosotros. Pero como tenemos mayores, poco a poco, la mayoría de nosotros empezar a perderlo. Conseguimos tan absorbidos por las normas que la sociedad ha establecido; Creíamos que imaginación no sólo era necesario. Esto es un error enorme.

Vamos a lo que la imaginación es antes que discutir cómo puede ser beneficioso para ti en tu vida ahora. La imaginación es la Facultad de o la acción de la formación de nuevas ideas, o imágenes o conceptos de objetos externos no presentes a los sentidos. En otras palabras, sin imaginación, nuestra sociedad y el mundo no podrían avanzar nunca. Creo que de todos los placeres que tenemos como coches, trenes, aviones, ascensores, edificios y cada otra invención hecha por el hombre que tenemos a nuestra disposición. Todo esto vino de Facultad o imaginación de alguien. Este es por lejos el mayor regalo dado a nosotros por Dios o la "inteligencia infinita" en el nacimiento. Es la base de cómo se puede literalmente cambiar tu vida. Mi maestra me dijo que nunca pierdo mi imaginación para él era la llave para liberar mi futuro.

Yo creo que las lecciones que nos enseñaron nuestros primeros maestros pueden ser los más cruciales. Piensa en esto por un rato. 97% de los estadounidenses había perdido su visión o puerta de entrada a su imaginación. Sólo el 3% utilizó esta facultad y actuó en consecuencia. Sinceramente, lo único que tiene la mayoría de la gente a cumplir y vivir la vida que quieren es el miedo. Como mencioné en capítulos anteriores, el miedo es la razón por la que mayoría de las personas no alcanza todo su potencial.

Creo que de la imaginación como un cohete y la libertad financiera que usted desea como la luna. En capaz de llegar a la luna, necesitas ese cohete! Sin él, resultará difícil alcanzar su meta. Por ejemplo, pienso en trabajos como los coches. Usted puede conducir en el mismo nivel de vida, pero si tu objetivo es en el espacio, nunca llegará a lo. No usar tu imaginación requiere lo que tan nunca. Tengo entendido que la sociedad desaprueba a las personas que optaron por usar su imaginación

Triunfador

y ser creativos. ¿Por qué es que usted puede pedir? Porque utilizando este regalo dado que puede causar que se vaya la gente sabes detrás. O que es el miedo que tienen.

Este concepto describe la zona exterior de la mayoría de la gente permanecer en "caja". Cuando oigas "pensar fuera de la caja", ¿qué están realmente diciendo? Dicen que use su imaginación. Escuelas en nuestra sociedad hoy en día no enseñan a los adultos jóvenes cómo usar su imaginación ya. Se trata de ir a la Universidad, tener buenas calificaciones y conseguir un buen trabajo. Inconscientemente decimos a nuestros hijos no se debe hacer lo que quieran pero vivir de la expectativa de los demás. Cuando nos fijamos en algunos niños jugando con una caja, ¿qué ves? A ti, el adulto, los ves sentados en una caja, pero a ellos, su interior un castillo, cohete, mansión, coche nuevo, nave espacial, etc..

Están en proceso de visualizar sus deseos y deseos en ese momento en sus jóvenes vidas. Así, es tan real para ellos como tú sentado en su coche. Pero en algún momento diremos a nuestros hijos a crecer y guarda las cosas

Triunfador

"infantiles". Esto, lamentablemente, también incluye su imaginación.

Así crecen olvidando cómo visualizar y utilizar esa imaginación nos dio al nacer a su ventaja. Por esta razón este concepto es un paso importante para abrir su mente. Imaginación permite que tu mente a concebir ideas y conceptos no todavía ven al pasado. Este es un poderoso elemento clave para su éxito en el futuro que viene corriendo en. Grandes inventores como Henry Ford, Ben Franklin, J.P. Knight, George Washington Carver, Madam C.J. Walker y otros entienden este concepto y transforman a algo que no existe en realidad y beneficiaron también! Este "talento oculto" que muchos de nosotros tenemos dentro de nuestras mentes puede ser traído hacia fuera a través del uso constante. Recuerda, lo que no se utiliza sobre una base diaria tienden a desaparecer y ser olvidada.

Mediante el uso de su imaginación, puede hacer su día mucho más emocionante e interesante. Te encontrarás más motivado y feliz. Como he dicho antes, la mayoría de los

Triunfador

adultos crece fuera de su imaginación; por lo tanto creen que no tienen uno. Aprendiendo a tomar el control de tu imaginación y Ampliándolo, te sientes mucho más tranquilo y despreocupado. Aquí están algunos ejercicios que se pueden realizar a espalda "trae este tesoro perdido" toda su velocidad.

Teclas para imaginar:

- **Pensar en hacer algo fuera de lo normal cuando te despiertas arriba** - Es decir, si normalmente no vas a refugios de animales, tal vez ir a la tienda y comprar algunos alimentos para perros y hasta el refugio de animales local.

- **Tomar un descanso de diez minutos durante el día para salir, sentarse en un banco y ver a la gente caminar por.** - Make up vida historias para ellos. Nombrarlos. Conforman la razón de por qué están en ese lugar en particular

Triunfador

- **Pretende tienes una superpotencia súper fresca que usted tiene que esconderse de la gente.**-Imaginar cuál es el poder, Como usarlo y cuando utilizas lo

- **Reorganizan su casa o habitación o sala de estar.** Esto estimula el cerebro porque tienes que aprender a acostumbrarse a la nueva disposición.

- **Set arriba habitación o zona exterior y cubrirla en sábanas blancas baratos.** - Conseguir un poco de pintura y sólo alrededor de salpicar. Es un alivio del estrés y la diversión.

- **Trata de visualización.**-Visualizar tu sueño ayuda a hacerlos pasar en realidad. Creo que eres una persona mejor y visualizar que has logrado algo para lo cual se antoja for.

Imaginando o visualizar un futuro donde ya has logrado tus metas le ayudará manifiesto esto imagina en realidad. **Esta compuerta de**

Triunfador

apertura brindará resultados masivos para ti. Es como que está estableciendo una meta para ti en tu mente. Ahora sabes qué aspecto los resultados. Ahora es tiempo para pasar a la acción y cambio todo transformar que imaginar a la realidad. *Henry Ford lo hizo cuando pensó en una versión compacta del motor V8. La mayoría dijo que no era posible hacer una versión más pequeña del motor masivo, pero el Sr. Ford y su personal continuó. Y después de años de innumerables intentos de este enorme motor compacto, finalmente logró su objetivo.*

Finalmente ha manifestado su visión en realidad. La imaginación es una llave poderosa para liberar tu mente y cumplir su sueño o "destino". El signo principal saber que estás en el camino correcto y que usted está usando su imaginación correctamente es simplemente esto; Entrarás en un cierto estado de ánimo de felicidad y alegría dentro de ti. Empiezan a sentir esperanza y comienzas a creer que su futuro será exitoso. Sin embargo, usted puede tropezar con otra gente que vea esto y tratar de *"te trae a la*

Triunfador

realidad". ¿Oyes cosas como, *"que nunca funcionará"* o *"tienes que sacar la cabeza de las nubes y Únete a nosotros aquí en el planeta tierra".*

Si usted tiene gente así en tu vida, recomiendo que los deja detrás y fuera de tu vida. Esos tipos de personas se denominan el "Nay Sayers" o "Asesinos de sueño". Mucha gente te dirá que todo lo que está imaginando o intentar crear es "realista". Deje que conste que era poco realista para el metal volar en el aire, para encender una luz por tener un interruptor en la pared, para carruajes sin caballos y a transmitir se imagina a una caja dentro de su hogar. ¿Cuál es el punto de ser "realista". Habilitar para que tenga la absoluta mejor oportunidad de éxito en el uso potencial de su imaginación; Tienes que eliminar toda la negatividad de su círculo íntimo.

Tener una mente abierta más que sólo es capaz de recibir nuevas ideas y conceptos del mundo que te rodea. También significa que eres capaz de crear esas nuevas ideas y conceptos que del mundo sólo puede

Triunfador

necesitar en el futuro. Usted podría tener una idea que puede salvar las vidas de muchos. Es hora de desempolvar su imaginación y ponerlo a trabajar. Literalmente su futuro depende de ello.

"La imaginación es todo. Es la vista previa a lugares próximos de la vida". – Albert Einstein

CAPÍTULO 6

Desbloqueo de una mente cerrada:

¿Cuáles son tus sueños?
(Clave de los sueños)

We que todo te atrapen soñar despierto en el trabajo o en la escuela a veces. Nos imaginamos que estamos viaja a otro país, o haciendo nuestro trabajo soñado o profesión o incluso sentado en la playa disfrutando de las vistas del océano en un bonito día soleado. ¿Qué es lo que desea hacer? Tus sueños son tus metas y deseos que desea

Triunfador

lograr. La mayoría de los logros más grandes de la historia eran grandes soñadores. Tienes poetas famosos, artistas, filósofos, inventores, etc, que dejó su marca en este mundo simplemente por soñar, sus metas y aplicar medidas para ver sus sueños realidad. Para muchas personas en nuestra sociedad hoy en día, la mayoría sueños consisten en libertad financiera y la opción de hacer lo que tu corazón desea o tal vez por mejores niveles de salud y fitness. El único problema es, que nadie sabe cómo van a llegar.

Piensa en tus sueños como un producto. Con la mayoría de los productos que vendemos permiten a su vez un beneficio a cambio. ¿Qué pasa cuando se espera que el producto y no hacer nada? No haces ningún beneficio en lo absoluto. No puede obtener el estilo de vida que te quiere y quedarse en la misma situación. Tus sueños iba a estar encerrado dentro de los contenidos de su mente. Naciste para compartir tu sueño con el mundo. Sin embargo, se necesita una cantidad considerable de coraje al ver que su sueño no se queda en el vacío de la no-existencia.

Triunfador

Algunas personas que quieran lograr sus sueños generalmente intentan encontrar maneras de hacer que suceda.

Esto iniciará su mente abierto a ideas que pueden ayudarte a alcanzar tus metas rápidamente. Cuidado, esto puede ser peligroso en algunos momentos, porque no toda idea es buena. Esto podría tomar una cantidad considerable de pensamiento para averiguar. Sabes cómo separar las buenas ideas de malos y cómo maximizar las oportunidades presentadas. Así que en este capítulo, enseñará usted los medios sobre cómo empezar a hacer sus sueños realidad. También, mostrando cómo puede eliminar malas ideas de buenas ideas y apoderarse de oro o las oportunidades potenciales que pueden ayudarle a alcanzar sus sueños.

Empezando en tu sueño comienza con los fundamentos de tener imaginación. Según lo discutido en el último capítulo, no es ningún secreto que para soñar, usted debe usar su imaginación. Por ahora, será suficiente en esta área si usted realiza los ejercicios mencionados sobre una base diaria. Ahora visualizar lo que quieres y donde quieres estar en un futuro próximo.

Podría ser su salud o su ajuste financiero que usted está pensando en. Tal vez los dos! Ahora que tienes esa imagen en tu cabeza, escribirlo en algún lugar mientras que la imagen está todavía fresca en su mente. Asegúrese de que usted incluya cuando quieres estar ahí, cuánto quieres ver en tu cuenta bancaria, aspecto y cada detalle sobre su imagen. Que acaba de crear tus metas. Ahora que usted ha escrito, vemos exactamente lo que quieras y cuando quieras por.

Esto es muy importante en el establecimiento de metas. Es una muy buena manera de hacer el seguimiento de su progreso para que sepáis exactamente dónde estás en la "barra de logro".

Ahora voy a introducir lo que me gusta llamarlo, el efecto "pequeña victoria". Estas son metas mini que puede completar para el objetivo principal. Por ejemplo, *digamos que su objetivo principal es hacer 500 dólares en*

Triunfador

las próximas dos semanas. ¿Cómo vas a lograr esto? Ahora, que desglosemos en tareas se puede establecer que le ayudarán a lograr ese objetivo. Tales como, césped de la gente por 20 dólares cada uno. Si fueras a cortar el 5 césped todos los días, habría alcanzado tu meta dentro de una semana.

Cada día que hiciste 100 dólares era una "pequeña victoria". Porque entonces eras aún más cerca de alcanzar su meta. Hoy en día la mayoría de los ricos no sabía cómo iban a lograr sus sueños cuando empezaron. Sólo sabían que iban a hacerlo. Tener una mente abierta transformó sus cerebros en los receptores. Ahora todo tipo de ideas o conceptos estaba entrando en sus mentes y dándoles la munición necesaria para "disparar" hacia adelante y alcanzar sus metas.

Ahora, no tengo un plazo para cuándo ocurrirá esta evolución. Podría tomar días, semanas o meses antes de venir para arriba con ideas. Esto depende de cuánto quieres que tus sueños se conviertan en una realidad. Una cosa está garantizada; Si tu "por qué" es

Triunfador

lo suficientemente grande, el "Cómo" será muy claro. Para aún más este concepto, su "por qué" es la razón que quiere lograr sus sueños. Puede ser cualquier motivo que considere apropiado. Tiene que ser algo que te apasione. Una vez que lo descubriste, el "Cómo" aparecerá. Si no sabes mucho sobre lo que quieres, investigación sobre él. Vivimos en un tiempo y edad donde encontrará las respuestas a cualquier pregunta que tengas a tu alcance. ¿Es tu sueño vale la pena?

Creo que tu sueño se hará realidad y las puertas se abrirán para ti. Una vez dije que no todas las ideas y las oportunidades son grandes. Una vez que usted decide ir tras tus sueños y abre tu mente para recibir, un montón de ideas y oportunidades se presentará a usted. Cuando se les presenta la oportunidad, ¿se siente a menudo un "empujón"? ¿Su interior es dejarte saber que tal vez quieras tomar este camino? Mayoría de la gente describiría esto como una "corazonada". Sin embargo, existen dos tipos de este sentimiento particular. Hay una buena

Triunfador

sensación y un mal presentimiento. Si la idea o concepto se siente incómodo para ti, no te acerques. Es Dios o el universo diciendo que esto no es lo que necesitas en tu vida ahora. Usted sabrá cuando mostrará la oportunidad correcta. Usted sentirá esta esperanza abrumadora llenar dentro de tu corazón y tu alma. Usted experimentará la felicidad y la alegría y la imagen de tu sueño será más fuertes que nunca!

Me uní a un negocio llamado Vemma. Me sentí algo especial cuando vi la presentación sobre el negocio. Todo estaba obligado a hacer era reclutar personas para introducir la nueva bebida energética saludable al mundo. En ese momento pensé, esta empresa es increíble. Proporcionan nutrición líquida más completa del mundo hasta la fecha. Y los productos degustados increíbles! Absolutamente me enganché y motivado para reclutar a todo el mundo sabía que en esta increíble oportunidad. Quería compartir con el mundo. Pasan un par de meses y nadie quiso participar. Aprendí que las malas que hay mucha gente allá afuera que están

Triunfador

cerradas mentes así que cierra ese aire no podían penetrar en él. Me enojé a la gente aunque no lo creas. Me preguntaba, por qué alguien querría aprovechar esta increíble oportunidad.

Escuché todas las excusas que se te ocurra literalmente. Entonces un día, finalmente decidió un documental sobre uno de mis compañeros me hablaba de la llamada "el secreto". Dentro de los primeros diez minutos de ver este documental, sentí mi vida, mi mente cambiando. Siempre soñé con ser un día exitoso y ayudar a la gente era mi mayor sueño.

no sabía cómo iba a hacerlo. Pero una vez completamente abrí mi mente, ideas vinieron y ya había cambiado para siempre. A pesar de trabajar junto a esta empresa no desnudo cualquier fruta para mí, me llevó a escribir este libro y decidirse a hablar con la gente por todas partes para ayudarles a encontrar su éxito interno. Todo sucede por una razón. Una puerta sólo debía traerle a otro. ¿Ves cuán poderosa teniendo una visión o un sueño puede cambiar completamente su vida?

Triunfador

Sin importar cuál sea tu sueño, se puede llegar. Y mientras usted mantenga una mente abierta y cree que se puede llegar, en cambio vida elegirá el camino más rápido para que usted pueda lograr sus sueños y aún más.

Triunfador

"Todos los hombres sueñan: pero no igual. Aquellos que sueñan de noche en los polvorientos recovecos de sus mentes despierten en el día para encontrar que era vanidad: pero los soñadores del día son hombres peligrosos, porque pueden actuar sus sueños con los ojos abiertos, para hacerlo posible ". – Thomas Edward Lawrence

CAPÍTULO 7

Desbloqueo de una mente cerrada:

Ser un apasionado. (Clave de la pasión)

P pasión es el fuego detrás de la unidad para lograr sus metas y sueños. Es la chispa propia que le da esperanza y fe en que el éxito es a la vuelta de la esquina. Cada ser humano nace con este fuego dentro de su alma. A lo largo de la historia, hemos visto en muchos casos; donde pasión hizo su parte para revolucionar el mundo como lo vemos hoy. Te da la energía que tendrá que ver que

Triunfador

tus sueños se convierten en tu realidad. Esto hace que un abridor de gran mente pasión. No sólo tiene el potencial para abrir las puertas de tu mente, pero les swing abierto! En este capítulo, nos hará reavivar la llama que te llevará de acuerdo a su éxito y felicidad. Usted también puede descubrir algo nuevo que y tú te no habrías nunca enterado antes.

La esencia de la pasión es muy sensible. Tal vez te sientas tu cohete de ritmo cardíaco; las palmas a sudoroso, su imaginación a nuevas alturas y su creencia cada vez más fuertes que nunca! Esto también depende de lo que te apasiona en primer lugar. Muchos piensan que la pasión de naturaleza sexual. Aunque esta es la misma energía, puede canalizarse en muchas diferentes avenidas. ¿Te imaginas si llevas esa misma pasión que siente por un hombre o mujer que amas y canal en hacer realidad sus sueños? Las posibilidades sería interminables para ti. Usted sería capaz de lograr cualquier cosa que tu corazón desea únicamente. Los culturistas son un ejemplo perfecto de qué pasión puede hacer. Muchos

Triunfador

no están de acuerdo y decir que fue genética que les hizo parece así. Pero, ¿qué es la genética si no haces nada en absoluto para desarrollar? Culturismo toma una cantidad considerable de determinación, disciplina y pasión para lograr grandes resultados.

Escuchar la forma en que hablan sobre su profesión. Hablan con emoción, como si no pueden vivir sin estar en sus vidas de musculación. Este señoras y señores es verdadera pasión! ¿Cuál es tu pasión? ¿Qué es lo que quieres lograr en tu vida que dará todo por? Esa sensación que tienes cuando tienes una buena idea de lo que realmente quieres hacer se llama pasión. Esta es también la energía que el hombre se transforma en genios. Cada pionero del cambio como inventores, científicos, empresarios, humanitarios, etc. ha tenido algún tipo de pasión por lo que hicieron para estimular y que las cosas sucedan.

Valor también viene junto con pasión tan bien. Con esta herramienta, para empezar o dar el primer paso es más fácil. Dando el primer paso siempre es la parte más difícil de

Triunfador

iniciar el sueño o meta. Como comenté en el capítulo anterior, si el "por qué" no es lo suficientemente grande, el "Cómo" no aparece. Para explicar aún más esta diciendo, tu pasión es el "por qué". Yo no puedo estrés suficiente pasión lo importante es que el proceso de apertura para abrir tu mente y despejar cualquier obstáculo que pueda interponerse en su camino. Porque una vez que descubre su pasión, irá aclarando la respuesta para lograr su objetivo.

La pasión es también una entidad contagiosa en su propio. Se ha sabido mover las masas y cambiar la vida de nadie viene cerca. Esto es útil cuando usted podría estar en una posición de ventas. Si los clientes están tratando de hacer una venta a no ver que te apasiona el producto o servicio que está tratando de vender, tenderán a dejarte. Esta emoción incluso ayudó a mover sus ejércitos en acción cuando la mayoría soldados no tenían poca o ninguna fe en la causa que estaban luchando por generales.

La pasión de un líder puede dar propósito y un significado a sus seguidores. Así que es

Triunfador

absolutamente crucial que esto cada vez que quizá te encuentres en una posición de liderazgo. Vamos a ver lo que es su pasión. Responder a estas preguntas completamente y honestamente en una libreta"éxito" de algún tipo. Si puedes ver cuál es tu pasión, tienes una buena idea en donde el fuego arde y concéntrese en.

"¿Dónde está tu pasión?"

1. ¿Qué es lo que realmente quieres?

2. ¿Qué tema puede hablar y pongo a la defensiva si alguien se opone a él?

3. ¿Qué estás haciendo ridículamente bien?

4. Si pudieras tener o hacer algo, ¿qué sería?

5. ¿Qué te gusta ayudar a la gente con? ¿Cómo comúnmente otras ayudas?

6. ¿Cuál es tu sección favorita en la librería? ¿Cuál es la primera revista que recogería en el supermercado?

7. De todos sus papeles de trabajo actual, ¿qué alegre haría gratis?

Triunfador

8. ¿Qué tus amigos siempre digo que sería bueno, que usted debe hacer para vivir (es decir, "sería un gran...)?

9. ¿Qué eres naturalmente curiosos acerca de?

10. ¿Qué carreras ¿te encuentras soñando de?

11. ¿Qué 3-5 sueño empleos o negocios te imaginas que encarnan firmemente sus creencias fundamentales sobre el mundo?

12. ¿Cuándo fue la última vez que no podía dormir porque estabas tan emocionado acerca de lo que tenías que trabajar en? ¿Qué fue?

13. ¿Qué harías si sabía que no podía fallar.

14. ¿Cuándo fue la última vez que estabas en un estado de flujo, en la zona y perdí la noción del tiempo? ¿Qué haces?

15. ¿Quién te ves hasta? ¿Quiénes son sus mentores? ¿Quién te inspira? ¿Por qué?

16. ¿Qué personas gracias por?

17. ¿Qué haces que te hace sentir invencible?

Triunfador

Una vez usted determinar donde tu pasión es que entonces puede pasar a tus pasos de acción. El "por qué" por esta vez debe ser lo suficientemente grande para un "Cómo" para aparecer. Es tan fácil. Mi pasión es ayudar a las personas como tú y muchos otros encuentran su propósito o como me gusta decir, para crear su propósito. La vida es fácil una vez que tienes el truco y encontrar tu pasión se abrirá tu mente a nuevas ideas que pueden ayudarte a alcanzar tu propósito. Cuanto más trabajes hacia su pasión, la más feliz y más alegre que su vida llega a ser porque están haciendo lo que tu corazón desea. Es tiempo para sentir tu interior fuego quema y brillar.

Triunfador

"Cada gran sueño comienza con un soñador. Siempre recuerda que tienes dentro de ti la fuerza, la paciencia y la pasión para alcanzar las estrellas cambiar el mundo."–

Harriet Tubman

CAPÍTULO 8

Desbloqueo de una mente cerrada:

Siendo optimista (clave del optimismo)

Being optimista puede ser la tarea más difícil de realizar en el mundo de hoy. Personas optimistas sin embargo pueden ver el lado positivo para casi cada tarea o situación y pueden ver un camino de nada. Tener esta habilidad, en otras palabras, es lo mismo que ser optimista. Usted puede

Triunfador

encontrar que tener esta "habilidad" hará su vida mucho más fácil de manejar.

Hay maneras de sacar el interior optimista en ti y abre tu mente a un montón de conceptos sobre la vida en general. Una cosa que causa mucha gente a ser menos optimista es que sólo ven el lado negativo de todo en vez de lo positivo. ¿Qué causa generalmente este tipo de mentalidad pudieron haber resultado de las situaciones y circunstancias que pueden haber ocurrido en sus vidas. Entonces viendo el lado positivo puede ser difícil de lograr, pero totalmente posible. Ser optimista es también un paso necesario para que usted pueda ver el éxito significativo en tu vida. Sin ver a ambos lados de un problema o un obstáculo que pueda aparecer en tu vida, puede encontrar hacia fuera que puede tomar más tiempo para lograr alcanzar sus metas.

Una forma de abrir tu mente y comenzar la caminata en el camino del optimista es a dejar marchar a la suposición de que el mundo está contra ti, o que hay una nube negra que se cierne sobre tu cabeza.Es una suposición que no tiene ninguna base en la

Triunfador

razón o ciencia. A veces recibimos un don para el pesimismo de un los padres que hicieron suposiciones negativas sobre el mundo en algún lugar a lo largo de la línea. O bien, cuanto antes de que se puede atribuir su pesimismo a un único conjunto de circunstancias que el estado del mundo, más fácil será cambiar su perspectiva. entiendo que puede haber ido a través de o pasando por situaciones o circunstancias que no sean muy favorables. Pero como ya comentamos en el capítulo 4, es hasta que la situación o circunstancia se pone peor o mejor. Piensa en situaciones transitorias como son en la vida. ¿Tienes cuenta de que no durará para siempre? Piensa en cómo serán las cosas después de que todo se calme. Tener una visión clara de en su mente y usted conseguirá más rápido que tendrías si fueras preocuparse constantemente a través de él.

Otro problema que tienen muchas personas es que creen que su pasado automáticamente será igual a su futuro. Aunque las cosas pueden empezar mal no significa que va a terminar mal para ti. Las cosas pueden cambiar tanto como su actitud es positiva. Las decepciones de la vida están destinadas a ser clases. Algunos de nosotros recoger la idea equivocada de las enseñanzas. Así tendemos permitir que el miedo que nos baje.

Pero como el famoso orador motivacional *Les Brown* dijo, "Si la vida te derriba, trate de aterrizar sobre la espalda. Porque si puede mirar para arriba, puedes levantarte". En otras palabras, mantener esa actitud optimista y no hay nada en el mundo que será capaz de mantenerte por mucho tiempo. Otra cosa que le impedirá ser optimista es el pensamiento que usted es una víctima de su propia circunstancia. Usted debe ver como una causa, no un efecto. Para ello, debes dejar de pensar en lo que te está pasando y empezar a pensar en lo que puedes hacer para que las cosas sucedan en su favor. Si usted no está satisfecho con la forma en que tu vida es ahora, cambiarlo. Mucha gente por ahí realmente quiere cambiar su vida, pero permitir que los pensamientos negativos de lo que son sus actuales circunstancias les impide avanzar.

Triunfador

Esta mentalidad es peligrosa para aquellos que quieren vivir una vida exitosa. Aunque usted puede estar pasando o atravesó tiempos donde has intentado algo nuevo y fallido, este es el momento perfecto para aprender de lo que salió mal y seguir adelante, para no repetir los errores del pasado. Ahora eres capaz de tomar mejores decisiones y mejorar. Va a lo que oímos como los niños, "*lo que no te mata te hace más fuerte*". La vida consiste en tomar muchos riesgos cada día, y no todas ellas terminarán positivamente. Eso es lo que define el riesgo. Pero el lado positivo es que *algunas* acciones llevará a *buenos* resultados, y es generalmente mejor que un grupo heterogéneo que no tienen nada en absoluto. Idealmente, las cosas buenas superará el mal, pero nunca alcanzará ese punto a menos que pones allí y tener fe.

Para ser optimista, te das cuenta de que la vida es demasiado corta como para pensar en las cosas pequeñas que no importan en el gran esquema de las cosas. Cualquier tiempo pasado melancólico garantiza nada pero menos tiempo para disfrutar de lo que la vida

Triunfador

podría tener que ofrecer. He conocido a personas que sostuvieron de vuelta porque se sentían como si ellos no eran "destinados" a vivir una buena vida. Nacieron en un entorno de bajos ingresos y visto su parte justa de lucha creciendo. Bastaba con que nunca oído de sus padres era vida lo injusta y lo imposible. Así que era difícil ser optimista cuando todos a tu alrededor parecen que han perdido la esperanza. Realmente no podía culparlos por sentirse así.

Conocerás los desafíos en el camino. Cómo conocer y reaccionar ante estos desafíos determinará si usted está listo para recibir tu éxito. Así que todo lo mira como una moneda de dos caras. Hay buenos y malos para todo. Pero sería prudente concentrarse en los buenos y también ser conscientes de la mala. No decir concentrado en las malas, simplemente saber que su presencia está ahí. Para resumir este capítulo, vamos a repasar los pasos necesarios para obtener el optimismo.

- Entiendo que el pasado no es igual el futuro

Triunfador

- Recuerda que la vida es corta

- Suelta la suposición de que el mundo y la vida está en tu contra

- Verte a ti mismo como una causa, no como un efecto

- Hay dos lados en cada situación

Ser optimista, abre tu mente a la verdad detrás de la vida. Que siempre hay un bueno y malo, luz y oscuridad, día y noche, positivos y negativos. Pero para ser verdaderamente que el tipo optimista significa que usted elige vivir tu vida en el lado positivo de todo. Esto a su vez con arrojar resultados positivos para usted en el futuro y causará gran éxito dentro de su vida.

Triunfador

"Una de las cosas que aprendí la manera difícil era que no vale la pena que te desanimes. Mantiene optimismo ocupado y hacer un estilo de vida puede restaurar su fe en ti mismo."-Lucille Ball

Triunfador

CAPÍTULO NUEVE
Desbloqueo de una mente cerrada:

Lo que usted tiene (clave de gratitud)

Yo es difícil ver lo que tiene ya cuando ves que los demás tengan más. Ves gente que tenga más dinero, más amigos que tú, un coche mejor que la tuya, una casa más grande, etc.. Algunas personas incluso miran a aquellos que lograron muchas cosas como la suerte. También crean que había engañaron a la gente para lograr su abundancia. Así que usted es atrapado dentro de este círculo vicioso de pensamiento negativo. Un montón

Triunfador

de cerrado de mente personas piensan así y resulta difícil de creer que puede alcanzar la misma abundancia como los ricos. Pero incluso los ricos tuvieron que empezar desde algún lugar. Aquí es un simple secreto que muchos de los ricos habían utilizado para llegar a donde están hoy. De hecho es tan simple que te parecerá difícil de creer que realmente funciona. El secreto es la propina.

Cuando usted comienza a mirar su propia vida y ser agradecido y agradecido por lo que ya tienes, inconscientemente permite más espacio para abrir en tu vida de bendiciones. Por ejemplo, pensar en todo y a todos los que tienes en tu vida a partir de ahora como basura en su garaje. El garaje representará a tu vida. Cuando te concentras en lo que no tienes, tiendes a olvidar todo lo que tienes. Así que vas a conseguir más cosas sin darse cuenta que ya tienes mucho. Así que no hay lugar para nada extra para entrar en el interior de su garaje. Porque no tomaste el tiempo para aclarar todo, tendrás que devolver esas cosas adicionales que usted sólo ha recogido. Después de que hayas hecho esto, tiendes a

Triunfador

ser molesto porque tenía que devolverlo.
Mostrando gratitud por lo que ya tienes es
como ordenar y organizar todo dentro de su
garage. Vaya, no sabías que tenías un piso!
Ahora tienes mucho más espacio para nada
más que usted quiere.

Otro ejemplo es la sensación que se siente
cuando alguien muestra gratitud por lo que
haces para ellos. Cuando alguien hace eso
para ti, ¿cómo te sientes? Mi suposición es
que querrías hacer más por esa persona.
Apreciando lo que ya tienes también te ayuda
a entrar en una actitud de absoluta claridad.
Empiezan a sentir un nivel de calma como si
usted está en paz consigo mismo y con su
vida. Y empiezas a sentir que hay esperanza
para el futuro. Cuando tu mente entra en un
estado, es más fácil de procesar pensamientos
positivos. Como sabemos ahora, pensamiento
positivo abre tu mente para recibir y entender
nuevas ideas. Te conviertes en una persona
más motivada que sobresalen en su trabajo,
negocios o estudios incluso causando. Tener
un sentido de gratitud también ganaría el

Triunfador

respeto de los que puede estar por encima de ti en posición en tu trabajo.

Te sorprenderías de lo que la gente haría por ti si demuestras que eres agradecido por lo que hacen. Si te encuentras en una posición de liderazgo o sólo poseer tu propio negocio con empleados, diciéndole a una persona Cuánto aprecias sus esfuerzos no sólo podría hacer su día, pero también puede notar que realizan a un ritmo mucho mayor que antes. Para decirlo simplemente, *"la gratitud es la actitud motivar, inspirar y cultivar a la gente a crecer"*. Así que a cambio de gratitud, hacer más dinero porque su personal está tratando de hacer algo más para el negocio.

Ser agradecidos por lo que tienes también ayuda en el campo financiero personal. Estamos de acuerdo que el endeudamiento te pondrá en un estado de ánimo negativo. A veces te sientes como si no hay salida y es este ciclo interminable. Estos tiempos pueden parecer oscuros, pero nunca es tan malo como parece. Prestando atención a lo que ya tienes y moviendo hacia adelante, descubres que la deuda se pagará por sí mismo.

Triunfador

Sabías que si algo le pasara donde no podrá pagarles, quien debes obtendrá su dinero cueste lo que cueste? Si usted muere, su *deudas* se convierten en parte de su patrimonio. Los *activos* se utilizarían para pagar sus deudas. Si no tiene bienes suficientes para cubrir la deuda, el acreedor quitaría una escritura. Así que al final, ¿cuál es el sentido de preocuparse? Con sus esfuerzos contribuidos a demostrar gratitud por su vida, incluso notarás los "problemas" de su vida, porque ellos mismos trabajarán en su momento adecuado.

Incluso tenemos una fiesta que se concentra exclusivamente en ser agradecido y agradecido. Llamamos a esta fiesta, en el mundo occidental, acción de Gracias. Sólo tenemos un día al año para sentarse con amigos cercanos y familiares y expresar nuestra gratitud por todo lo hemos experimentado hasta ahora en el año. Generalmente durante ese tiempo, empiezas a sabe que hay un montón de cosas que agradecer. Siendo capaz de despertar al día siguiente es un logro en sí mismo y algo que

Triunfador

agradecer. Cada día es un nuevo día para contribuir a su futuro abundante. Cuando piensas en eso, ¿te pone de mejor humor? Ese es el efecto tiene esa gratuidad. Cuando piensas en lo que tienes y comienzan a estar agradecidos por ello, se siente como si usted presiona el botón de placer en tu mente. Empieza a entrar en este juego de mente de la riqueza. Ésa es la sensación muy que tendrá que seguir con el fin de solidificar su éxito y ver resultados reales.

Con el fin de facilitar las cosas un poco, las enumeraré algunos ejercicios de propina que le ayudará a practican cómo mostrar gratitud. El punto detrás de estos ejercicios es conseguir acostumbrado a tener la sensación de que sigue una vez que entras en un estado de gratuidad. Vamos a empezar con una taza de café o desayuno de mañana. Llévate este tiempo para pensar en todas las cosas que estás agradecido. Sentarse y tomar en todo, desde cómo caliente la taza de café es el olor del café muy propio. Ahora creo que lo agradecido que eres que tienes la oportunidad de disfrutar del café. Pensando en algo tan

Triunfador

pequeño como esto te traería una sensación de alegría y agradecimiento. También recomiendo que vayas a un parque en un hermoso día soleado, sentarse en un banco y en todo lo que ves. Cuidado con las nubes pasan y piensan acerca de cuán agradecido de estar vivo para disfrutarlo. Otro ejercicio que puedes hacer es pensar en eso, si usted está trabajando, tu trabajo. No todo el mundo va a gustar donde trabajan. Usted sólo puede estar funcionando para pagar las cuentas y cuidar de sus responsabilidades.

Así que creo que lo agradecido que eres incluso tener la oportunidad de trabajar por dinero. Puestos de trabajo hoy en día son difíciles de conseguir y hay un montón de gente sin trabajo. Esto nos lleva a entrar en un estado de ánimo positivo. Eres el más agradecido, la positividad más tendrás mientras trabajas. Tener esa mentalidad definitivamente mejorará tu estado de ánimo en el trabajo y en realidad podrías disfrutarla!

La última forma de entrar en la "actitud de gratitud" es mostrar a los demás. A través de mi experiencia personal, he notado que si

Triunfador

usted mostrar gratitud hacia los demás, no sólo haces sentir bien a otras personas, pero también te da una sensación autogratificante así. No hay nada parecido a la sensación que tienes cuando usted está haciendo sonreír a los demás. Por ejemplo, mostrar gratitud, si merecen, para la gente en su espacio de trabajo. Una forma puede realizar esta tarea es **que tu jefe sabe cómo están haciendo un gran trabajo** y contribuyendo a la compañía de.

Mediante la realización de esta tarea, no sólo se promueve esta persona, también traen rendimiento de esta persona al expositor. Así que ahora su jefe tendrá aún más aviso sobre ellos. Así, creará un área de trabajo mejor y más positivo para ti. Y que podría acaba de hacer un amigo en ellos también. Es un sitio web muy útil se puede visitar www.tinybuddha.com si quieres aprender más maneras de mostrar tu gratitud entre otras cosas también. La propina es una herramienta muy esencial para su éxito y una de las maneras más importantes para abrir su mente. Esta "técnica" estará "listo" su mente

Triunfador

y espíritu para recibir todos los resultados positivos y sorprendentes que vienen mostrando gratitud.

Aplicar todo lo que usted aprendió en este capítulo en su vida y mira la magia. La vida era para que disfrutar y compartir con otros. La clave de gratitud será de puertas abiertas para usted y oportunidades presentes nunca habría soñado posible!

Triunfador

"Usted tiene éxito todos los días de tu vida cuando te despiertas. Ser capaz de ver otro día es un logro por su cuenta. Mostrar gratitud y dar las gracias". – Lorenzo L Sellers

CAPÍTULO DIEZ

Desbloqueo de una mente cerrada:

Crecer

Y florecer (llave del amor)

T aquí hay muchas formas diferentes de amor. Amor por un amigo es completamente diferente del amor que tienes para tu amante. Amor a tu amante es completamente diferente del amor que tienes por lo que quieres hacer o lo que haces para vivir. Muchas personas no viven las vidas que ellos realmente que viven y es muy raro que oiría de alguien que aman lo que hacen. La mayoría de nosotros trabaja sólo para hacer a fin de mes o el satisfacer las expectativas establecidas por otros. Si no sabes si amas lo que haces, entonces pregúntate "¿realmente amo lo que hago". Si no se despierta cada día para trabajar con una sonrisa en la cara y la emoción de un niño que va al parque, más probable es que no amas lo que haces. Lo haces porque es necesario para su supervivencia.

Así que es mejor que queremos aclarar esto antes de que seguimos adelante en este capítulo. Ser sincero con uno mismo y establecerá tú y tu mente libre. Muchas veces piensan sobre la respuesta a esa pregunta. La razón detrás de eso es porque si están rodeados con gente que no ir tras lo que quieren y aceptan que las cosas se dan a ellos, usted creerá que es la vida. ¿Crees que amas qué base de lo que digan los demás. Ellos le dirán que eres tan "suerte" de tener ese trabajo o que la vida está diseñada para

Triunfador

mantenerte y sólo unos pocos se triunfar en la vida y ascender a la cima.

Pero lo que no están logrando darse cuenta es que hay un método simple pero ampliamente unpracticed para todo lo que quieras lograr. Debes amar lo que haces. Si no, habría sin pasión y sin deseo de crecer en otra magnífica. ¿Has notado que las personas que aman lo que tienden a ser altamente eficiente en su área respetable? Las cosas funcionan mejor para aquellos que aman su trabajo o carrera contra aquellos que no.

Y sin el amor forro tu pasión, habrá poca o ninguna acción tomada para crecer y expandir su vida. Sería muy "contento" con donde estás. A menudo se confunde con amor. Estar satisfecho es lo mismo que quedarse dentro de su caja y mirando por la ventana al mundo seguir adelante sin ti. Nada se gana a través de esta forma de pensar. Aunque usted no lo puede notar ahora, pero está perdiendo lentamente, pieza por pieza, un poco de tu alma más que esperar para salir de su zona de "confort". Porque fuera de su caja, es un mundo de posibilidades infinitas y

Triunfador

nunca lo verás si continúas algo no tienes amor y pasión por hacer.

El amor es la clave final para abrir su mente. Esta clave representa la parte de la expansión de su proceso de apertura. Sin espacio para crecer dentro de tu mente, tu vida no puede crecer. Tus pensamientos controlan lo que ocurre dentro de tu vida y cómo lo vives. Piénsenlo de esta manera; tu mente es como el juego llamado a "Te Sims". Empiezas por cuánta tierra tienes que construir. Si sólo tienes cuatro cuadrados de tierra, no tendrás mucho con qué trabajar. Usted no será capaz de tener mucho y su mundo es muy limitado. Esto es cómo la mente de un cerrado de mente persona parece. A lo largo de este libro, lentamente estábamos aprendiendo cómo expandir una mente cerrada para construir más dentro de su mundo. Esto empezó con positividad. Estás en tu mundo cuatro cuadrados y no consiguiendo presionado sobre eso. Luego nos mudamos a tu imaginación. Puedes ver donde tu mundo cuadrado cuatro se expande y crece. Es

Triunfador

enorme y usted puede hacer nada dentro de él.

Ahora tu sueño entra en acción. Esto es donde vas a colocar tu pasión. Su sueño es crear o conseguir más tierra para construir sobre. Usted utiliza su imaginación y transformó su sueño por un mundo enorme de interminables posiblemente y alegría. Esto es cuando se convierte tu sueño en tu pasión. Ahora estás obsesionado con la creación de este mundo! Esto asegurará que el nuevo mundo se convierte en una realidad. Entonces empieza en el mantenimiento de este mundo por ser optimista. Ser capaz de estar abierto a cualquier idea de que puede contribuir a su mundo es esencial. Se pueden construir más casas o parques de diversiones en su tierra. Tal vez usted puede lanzar un par de parques recreativos en allí. La idea detrás de esto es que el mundo sería más "equilibrado".

Luego nos movemos en gratitud. Esto solo creará más calidad a tu mundo. En lugar de permitir que los pensamientos de "Ojalá que tenía más cosas para poner ahí", usted está agradecido de que tienes los materiales que

Triunfador

usted requiere. Esto le dará más de un sentido de Diversión añadida a este proyecto. Tienes todo lo que necesitas construir tu mundo perfecto. Aquí estamos en el ingrediente final de su proyecto. A ello contribuye de una manera muy grande amor. Ahora tienes la paciencia para continuar con su expansión. En este punto, no importa que cuánto tiempo tardará en llegar. Llamo a esto el efecto de "alcanzar". Se sigue buscando su objetivo. No incluso aviso el tiempo pasaste o cuánto has ya construido. Cuando que miras hacia atrás en tu mundo, verá un mundo aún más masivo que soñaste en un principio.

Expandió más allá de lo que originalmente planeado. Y ahora usted será capaz de cosechar los beneficios de ello. Esto también se aplica a lo que haces en tu vida. Cualquier cosa que te propongas hacer en tu vida en este momento, asegúrese de que amas lo que haces. Sin él, tendrá un tiempo duro permanecer comprometido y tus sueños nunca se cumplirán. También debe ser algo que puedes hacer 7 días a la semana y sonreír cada día que lo haces. Una forma definitiva

Triunfador

de saber si amas lo que haces es si puede responder a esta pregunta con la verdad. *Lo haría gratis?* Aunque una pregunta sencilla, descubrirás que mucha gente no puede responder esa pregunta estar en sus puestos actuales. Concedido, hay algunas personas que aman su trabajo y estaría más que feliz de trabajar todo el tiempo.

La sociedad ha nombrado a aquellos que aman a trabajar todo el día. Llaman a esos tipos de personas "adictos al trabajo". Sin embargo, puedo garantizar que no querrían trabajar tan duro para no pagar. *Así que por qué no ser un adicto al trabajo por algo que te gusta hacer?* Es naturaleza humana querer vivir libremente. Es muy rara vez que conocerás a cualquiera que quiera vivir bajo normas y tiempo de otra persona. El tiempo es nuestro más preciado; Porque eso es lo único que no puedes recuperar. Así que ¿por qué no vivir la forma en que quieres mientras todavía tienes el tiempo para lograrlo?

Una vez encontrado ese algo que quieres hacer, ir a por él! No pierdas ningún más tiempo viviendo dentro de una caja. El

Triunfador

mundo está literalmente esperando a salir y mostrarlo que eres y lo que traes a la mesa. Ya es hora que haces lo que te hace feliz y hay un montón de ideas y conceptos por ahí que le llevará a la forma más eficiente y armoniosa para lograr sus metas y sueños. Todo lo que has aprendido en estos capítulos anteriores seguir y vivirán con los beneficios de tener una mente abierta.

Triunfador

"No tienen como objetivo para el éxito si lo quieres: simplemente hacer lo que amo y creo en él y él vendrá naturalmente"-David Frost

Capítulo once

Superando sus limitaciones:

Camino a la riqueza y la abundancia

We poner ciertas limitaciones en nosotros mismos en respuesta a lo que percibimos como sea posible. Como niños, no tenemos un límite de lo que pensábamos era posible. En definitiva, nuestras limitaciones literalmente son fijadas por otros, así como nuestro entorno como crecemos en la edad

Triunfador

adulta. No es ningún secreto que los niños absorben información a un ritmo mayor que el adulto promedio. Así lo dijo o implementado por nuestros hijos va ser "heredado" en su proceso de pensamiento y afectará cómo reaccionan a situaciones o qué lograr dentro de sus vidas. Estas limitaciones de tironeo hacia abajo en nuestras mentes son simplemente ilusiones que fueron fijadas por los últimos acontecimientos.

¿Pero cómo estas "barreras" y superar nuestras limitaciones actuales? La respuesta es simple. Vive tu vida día a día y vivir como si fuera el último. Es sabido que cuando se enfrenta a una vida o muerte situación, tu mente está trabajando horas extras para descubrir maneras de escapar de la situación de conjunto. Así que te encuentras haciendo cosas que nunca pensaste qué harías antes. Sus sentidos físicos y mentales se agudizan a niveles que no puede haber experimentado antes. En los deportes, los boxeadores utilizan esta técnica. En muchos casos, los boxeadores usan su miedo de ser lastimado en su beneficio.

Triunfador

Su agilidad, velocidad y potencia se aumentan para ocuparse de su situación actual. Puede usar el mismo método cuando se trata de cualquier situación de vida que puede venir. Piensa en el ratón arrinconado por el gato. El ratón está ahora en su estado más peligroso de la mente y es más creativo. Una mente humana se aplica ahora a esta ecuación. Cuando uno enfrenta a derecha de la pobreza en la cara, se sorprendería de lo ingenioso y creativo que él o ella puede ser. Cualquier limitación que pensaste que tenías se van volando por la ventana y ahora tu mente está completamente abierto a cualquier idea o concepto que le ayudará a escapar de esa situación. Básicamente dedica toda su energía cada día al lograr sus objetivos como si no se verá mañana.

La mayoría de millonarios hoy enfrentan la pobreza antes de llegar a la altura de sus riquezas y la riqueza. Fue durante ese tiempo que llegaron a ser creativo y traído en ideas de existencia, conceptos, y las invenciones que les ayudó a acumulan sus riquezas masivas. Descubrieron un secreto que la

Triunfador

mayoría de la gente hoy en día buscan. La realidad de esto es que la respuesta es tan obvio y tan simple que la gente no puede captar el hecho de que funciona. Vive tu vida al máximo cada día le ayudará a acumular una abundancia de riqueza, felicidad y alegría. Tus limitaciones sería una cosa del pasado y nada estará fuera de su alcance.

Otra manera de superar sus limitaciones es práctica. Seguramente has oído citar "práctica hace la perfección". Bueno, estoy aquí para decirles que no es cierto. La práctica sólo hará mejora porque no hay nada "perfecto" en este mundo. El término "perfecto" significa que no hay necesidad de seguir mejorando. Esto significa que no habría ningún crecimiento posterior y se establece un límite por sí mismo. ¿Quién quiere ser perfecto? Es una declaración que capsula tu potencial oculto. Potencial es un interminable poder que tienes para lograr cualquier cosa. Todos tenemos este poder latente dentro de nosotros y lo único que sostiene la mayor parte de nuestro potencial es las limitaciones que fijamos para nosotros mismos.

Triunfador

Si usted cree usted tiene un límite, entonces uno se establecerá para ti. Como ya comentamos en el primer capítulo, sus pensamientos tienen inimaginable poder y control sobre lo que sucede en tu vida. Simplemente creo que tienes no hay límite a lo que puedes lograr y se convertirá en tu realidad. Todos llevamos un universo alrededor de nosotros mismos y lo que pensamos y qué efectos de ese universo. ¿Alguna idea de que no logrando nada destacable en su vida se convertirá en una realidad. Así que mejor espera usted mismo detrás de grandeza aunque nuestros pensamientos vienen cosas hemos presenciado o experimentado por nosotros mismos. Esto es cuando usted debe desarrollar una sensación de firmeza. Siendo indeciso sólo prolongará su grandeza de ver la superficie. Así que debes ser claros sobre lo que quieres a pesar de lo que puede experimentar en la vida.

No debe permitir situaciones y circunstancias te desvío lejos de lo que te propongas hacer. Si todo el mundo deja sus "limitaciones" que

Triunfador

se interpongan en su camino, todavía viviríamos en la época cavernícola. Incluso en la época cavernícola, uno creó la rueda. Se puede suponer que el hombre de las cavernas que logró esta hazaña no permitas su falta de límite de "educación". Todo lo que tenía era su imaginación y su voluntad de crear. A veces eso es todo lo que necesitas para tener éxito. La clave aquí es saber tu autoestima. Saber cuál es tu valor creará esa realidad para usted. Si crees que eres 1 millón de dólares, luego que, con la acción, se convertirá en la realidad que vive. Para lograr más, debes convertirte en más. Uno debe sumergirse en una actitud de absoluta certeza. Te conviertes en lo que piensas constantemente en. Así que si usted está pensando siempre en lo pobre puede ser, entonces es el estilo de vida que vivirá hasta que cambia su perspectiva.

Tus pensamientos efecto sus acciones, dando exactamente los resultados que vienen con la idea que tenía. Si quieres ser un orador motivacional, usted se encontrará escuchando más hablantes cada día tratando de adoptar sus formas y técnicas. Vivimos en un mundo de hoy donde se puede obtener información en la comodidad de nuestros hogares. El conocimiento es poder. Cuanto más sepas acerca de lo que quieres hacer, más fácil será para llevar a cabo. Pero tener riquezas no es el sueño de cada individuo ahí. Algunas personas sólo quieren vivir su camino y no hay nada malo en eso. Sin embargo, sabemos que cada decisión que haces tiene sus beneficios o caídas. Por ejemplo, escuchas que puedes decir ciertas cosas a tu jefe. En muchos casos y sé que algunos de ustedes experimentado esto como bueno, tú no puedes defenderte a tu jefe sin que exista algún tipo de refutación. Bueno, estoy aquí para decirte que puedes decirlo que quieres a tu jefe. Pero si no les gusta lo que tienes que decir, podría ser su último día allí.

Pero si usted realmente fueron agraviados por enfrentarse para usted y para otros porque y ellos fueron tratados mal, entonces no naciste para estar allí. Esto no puede ser siempre el caso. Tal vez podrías tener un enfoque diferente que no sea su empleador para ayudar a la empresa. Pero recuerda que la

Triunfador

gente le teme al cambio, así que más podrían reaccionar y pensar que intentan robar su trabajo en lugar de ayudarlos progreso. Esto se llama pensamiento como un individuo, que es uno de los rasgos de los ricos y una clara señal de que no quería trabajar para alguien más. En el ejército, llamamos a esto el rasgo de liderazgo.

Millonarios y los dirigentes piensan muy diferente a los demás. No sólo se trata de dinero, sobre todo. El tiempo y energía de que todo el mundo gasta intentando cumplir, ambas partes pasan creando su propio camino. Desde pensamientos impactan acciones, personas que quieren ser ricos deberían pensar de una manera que les llevará a ese objetivo. Pensamiento independiente no significa hacer lo contrario de lo que está haciendo el resto del mundo; significa tener el coraje de romper las barreras de su personal y seguir lo que es importante para ti. Entonces, la lección aquí es forjar su propio camino y que su éxito le llevarán a botín financiero en lugar de hacerlo al revés y tratando de perseguir el dinero. Por lo que siempre será alusivo a chase.

Pero pensar en cómo un individuo es sólo una fracción de lo que significa ser un líder o millonario. Basado en las investigaciones que realicé hablando con varios millonarios y dueños de negocios exitosos aquí en San Diego, concluyeron que habilitan para que una persona para subir la escalera a la riqueza, debe tener una visión. La visión es un medio para cumplir con su fin. Millonarios son visionarios creativos con una actitud positiva. En otras palabras, la gente adinerada no sólo tiene grandes sueños, ellos también *creer que* vienen verdaderas. Como tal, riquezas solicitantes deben establecer metas elevadas y no tengan miedo de territorios inexplorados. El territorio inexplorado sostiene la mayor parte del dinero que hacerse y tiene infinitas posibilidades de riquezas incalculables. Así que Atrévete a ser diferente y abrazar su visión!

Ahora nos dicen que puedes tener un determinado conjunto de habilidades que

Triunfador

puede ayudarle a lograr su visión. Pero hay zonas que están en necesidad de mejora antes de que puede mover hacia adelante. En este punto, usted podría tratar de mejorar todas las áreas para garantizar su éxito o puede crear un grupo de "Cerebro". Millonarios en la piedra de afilar y desarrollan las habilidades que son buenos en generalmente. La mejor manera de complementar las habilidades que les falta cae en la ayuda de su grupo de mastermind. Millonarios tienden a asociarse con otros para complementar sus habilidades más débiles. Si no sabes lo que eres bueno, encuesta amigos y familiares. Usar entrenamiento y mentores para perfeccionar y desarrollar sus habilidades.

Mucha gente no me gusta entrar en una posición de vendedor. La idea de ir puerta a puerta normalmente cruza la mente de muchos que oyen al vendedor de la palabra. Vender es más que eso. Millonarios constantemente están presentando sus ideas y persuadir a otros a comprar en ellos. Los grandes vendedores son ajenos a los críticos y detractores. En otras palabras, no aceptan

Triunfador

"no" por respuesta. Los millonarios también tienen increíbles habilidades sociales. De hecho, las habilidades sociales son más importantes que IQ cuando se trata de hacer millones. Mira a Donald Trump. Su fortuna ha fluctuado durante los años, pero su capacidad de vender solo ha siempre lo trajo de vuelta entre las filas de los millonarios de la celebridad.

Hay un silencio secreto que a mucha gente le gustaría saber. ¿Cómo hacer un montón de dinero? Bueno, la respuesta puede ser traumante a muchas personas en lo sencillo que es. Haciendo millones ocurre cuando las personas toman dinero de sus bolsillos y dárselo a cambio de un producto o servicio. Siendo tan social probablemente es la única manera que van a crear una gran cantidad de ingresos. *¿Es tan simplista por naturaleza? Sí. ¿Es difícil hacerlo? No, si usted está dispuesto a abrir su mente a diferentes ideas y conceptos.*

¿Has oído el dicho, "se necesita dinero para hacer dinero". Aunque eso puede ser cierto, no es siempre el caso. Para invertir en algo

Triunfador

que quieres puede ser una variedad de maneras. Pero hablemos más sobre lo que significa invertir en algo. Existen tres tipos diferentes de invertir. Los tres tipos son *dinero, tiempo* y *energía*. Hay muchas oportunidades allá afuera que requerirán una inversión inicial. Esto asusta a mucha gente debido al temor de no conseguir un retorno de la inversión y una de las principales razones por qué hay tan pocos empresarios allí hoy. Con el dinero, se necesita una cantidad considerable de coraje para superar ese miedo a invertir. Un poco de dinero ahora puede hacerte millones en el futuro. Eso es algo en que pensar.

El tiempo también puede ser una inversión por su cuenta. Si simplemente se invierte mucho de su tiempo ahora en construcción que se necesitarán su imperio, menos de su tiempo en el futuro cuando su imperio y ejecuta en su propio. Cuando yo estaba en el negocio multinivel (marketing multinivel), escuché todas las excusas por qué alguien no pudo invertir el tiempo o el dinero para asegurar que tengan un mejor futuro

Triunfador

financiero. El problema con la mayoría de la gente es que no pueden creer en algo que no pueden ver todavía. Para ellos es todo sobre el aquí y ahora. Invertir es una palabra extranjera para ellos y puede ser considerado como algo malo. Aunque tenían un sueño, simplemente no quieren irse después de él porque podría plantear un riesgo. En otras palabras, sencillamente no son tomadores de riesgo. "Cuanto mayor sea el riesgo, la recompensa más grande". Si usted invierte poco, entonces eso es exactamente lo que va a volver.

Invertir su energía ha ayudado a los creadores de dinero superior del mundo a hacer sus millones. La energía más pones en algo, más vas a salir. Muy raramente quien no invertir nada en sus metas tiene algo detrás de él. Vivimos en un mundo de intercambio equitativo. Si no te mueves, entonces ¿cómo se puede esperar nada a cambio.

Como ya comentamos en capítulos anteriores, la pasión es la fuerza impulsora detrás de su acción. Si la pasión no está allí, nueve veces de cada diez, no habrá ninguna

Triunfador

acción involucrados y tomando el riesgo sería impensable. Pasión ve pasado el riesgo de que sea necesario para su éxito. Los atletas, dirigentes, empresarios y cualquier otra profesión todos usan un alto nivel de unidad y convicción para asegurar su éxito. Disfrutando de su trabajo le permite tener la disciplina para trabajar duro en ello cada día. Personas que interactúan con el dinero para vivir, los banqueros, por ejemplo, a menudo el amor creando nuevos acuerdos y persuadir a otros para completar una transacción. Pero encontrar trabajo de tus sueños puede tomar tiempo. El millonario promedio no resulta hasta 45 años de edad y tiende a ser 50 antes de convertirse en millonario. El propósito de este libro es para ayudarle, especialmente a los jóvenes, abre tu mente y descubrir lo que puede ser tu sueño y a actuar antes de llegar a esa edad, o incluso si ya estás allí, para servir como un catalizador.

Todos los días, hay alguien ahí fuera poner un límite a lo que realmente pueden hacer. Debe extinguir esos pensamientos negativos sobre ti mismo y ver la luz que es tu futuro.

Triunfador

No hay nada vergonzoso ir tras tus sueños y no debería permitir que otras personas para que lo diga contrario. Superando sus limitaciones y darse cuenta de que nunca existió es una opción que sólo puede hacer.

Hay tres tipos de personas en el mundo. Hay gente que no permitirá "limitaciones" a detenerlos y que las cosas sucedan, hay personas que permiten "limitaciones" a detenerlos y sentarse en la multitud y ver las cosas y luego hay personas que siempre hacer la pregunta, *"Whoa! ¿Qué pasó?* "En este punto usted debe pedirle una pregunta seria. *Qué eres tú?*

Triunfador

Thoughts: _____
_____
_____
_____
_____
_____

Triunfador

***"Si usted limitar sus opciones solamente a lo que parece posible ni razonable, usted desconecte de lo que realmente quieres y todo lo que queda es compromiso".-
Robert Fritz***

CAPÍTULO DOCE

El secreto de una vida feliz y abundante

Yo es ningún secreto que probablemente quiere vivir su vida por sus términos. Para mucha gente, esto significa que usted debe tener una abundancia de dinero para hacerlo. Por casualidad, *que fue su pensamiento exacto?* Para vivir la vida por sus condiciones significa que debes cambiar tu mente puesta. Recuerda esto desde el primer capítulo, con el fin de cambiar tu universo, debe comenzar dentro de ti. Eres la pieza central de tu vida y tu propio universo. La mejor manera de

Triunfador

describir esta *teoría* es relacionar a uno tener un sueño.

Si usted es consciente de sí mismo mientras estás soñando, puede controlar cómo va tu sueño y trabajar para su beneficio con un solo pensamiento. Concedido, la vida es como un sueño. No verás cosas locas apareciendo de nada en realidad. Sin embargo, sus pensamientos controlar sus acciones, por tanto, controlar el resultado de tu vida. En un sueño, nada piensa papá sólo tan pronto como usted lo puede concebir. No hay ningún tiempo de posposición entre tus pensamientos y la materialización de sus pensamientos. Pero en realidad, hay un tiempo de retraso. Esto es de buen gusto porque lo último que quieres es materializar tan pronto como crees que tus pensamientos. Todos nacimos con un poder para crear cualquier cosa que queramos con nuestros pensamientos. Está conectado a un poder que dirige los acontecimientos actuales, crea algo de la nada y controla lo que experimenta en esta vida. ¿No es un concepto maravilloso para vivir? Mucha de su gente más ricas y

Triunfador

poderosas entienden este concepto y lo aplicaron a sus propias vidas, empujándolos a niveles inesperados de la prosperidad.

Yo me crié a creer en Dios y poner fe a él. Fue una frase que escuché toda mi vida, "por medio de él todas las cosas son posibles". Todavía creo en incluso en el mundo de hoy. Incluso encontré que hay similitudes entre el poder de nuestros pensamientos y las enseñanzas de las religiones. Cuando hablamos de todo, con el fin de vivir una vida próspera, debemos tener fe en nuestras propias capacidades, actuar en él y en mi religión, Dios lo verá a través de. De ninguna manera estoy forzando a mi religión sobre ti. La idea básica detrás de esto es que hay una gran energía que nos permite realizar nuestro propio objetivo. Así que sería bueno saber exactamente cómo controlar este "poder" y crear la vida que siempre querían vivir.

Vivimos en un mundo donde hay energías negativas donde quiera que vaya. Pero sólo porque las energías están ahí no significa que debes dejar que influyen en su vida. Delincuencia, pandillas, peleas, guerras y

Triunfador

odio total son todos factores que contribuyen a las energías negativas que me refería. Hay muchos de nosotros que nacieron en esa realidad y no pudo ver la luz al final del túnel o cree que no hay luz para comenzar con. Yo solía vivir en una calle como ésta donde se oía disparos y coches de policía por casi todas las noches a exceso de velocidad. Aunque era un niño y no podía comprender plenamente lo que estaba pasando en el tiempo, me enteré de manera lenta pero segura mientras crecía. Sé lo que es poco que no tienen esperanza de salir siempre adelante en la vida. Pero después de darse cuenta de que mi vida está controlada por como yo lo veo, magnitudes de los cambios habían ocurrido. Es hora de decirle exactamente cómo crear cambios positivos en tu vida y vivir abundantemente.

Hay dos tipos de mentalidades que se adaptan a nosotros como seres humanos. Es la *mentalidad de la escasez* y la *conciencia de abundancia*. Primero empezaremos con la mentalidad de escasez. La mayoría de personas vive con este tipo de mentalidad.

Triunfador

Mucho explica por qué más personas todavía viven las vidas que no desean. Esto no hace más que robar de tu vida y hacer tus propias reglas. No estoy diciendo que van a romper las leyes. Me refiero a vivir tu vida plenamente con alegría y felicidad de ser parte de ella. Una persona que vive su vida con esta mentalidad tiende a:

Critican...

Guardar rencor...

Culpar a otros por sus fracasos...

Decir que un diario pero es verdad...

Creo que lo saben todo...

Operar desde una perspectiva transaccional...

Secretamente espero que otras fracasan.

No sé lo que quieren ser...

Nunca metas...

Exudan ira...

Horda información y datos...

Triunfador

Hablar de la gente...

Volar por su asiento de sus pantalones...

Miedo a los cambios...

Reloj TV todos los días...

Tomar todo el crédito de sus victorias...

Y tienen un sentido del derecho...

Tiendes a encontrar esta forma de pensar en el lugar de trabajo, su familia y amigos, y donde quiera que vayas. Sé que muchos de ustedes han visto alguien exudan al menos uno de estos rasgos, si no todos. ¿Alguna vez has cogido usted tiene por lo menos uno de estos rasgos? ¿Ahora que miras hacia atrás en eso, lo que te hace sentir? Sé que tuve un montón de estas características en un momento en mi vida. Vivir con esta mentalidad es venenoso e inconscientemente tienes tú mismo de una gran vida. Para aquellos que quieren saber cómo esto afecta sus ingresos, completamente te bloquea de lograr riqueza. Hay gente allá afuera con esta mentalidad y todavía son ricos. Pero la

Triunfador

pregunta surge, ¿son felices? Tener dinero es una cosa, pero tener dinero y vivir tu vida felizmente es otra.

Eso es lo que verdadera riqueza. Eres feliz y estable en todas las áreas de tu vida. Vida abundante no toma mucho esfuerzo en absoluto. Se necesita más energía siendo negativo (mentalidad de escasez) que lo hace ser positivo (sentido de la abundancia). Vida y pensamiento abundantemente le traerá abundancia. Como ya comentamos antes, lo apagas se volverán como un boomerang. Te conviertes en lo que piensas que eres. Aquellos que tienen una conciencia de abundancia tienden a:

Cumplido...

Perdonar a los demás...

Aceptar la responsabilidad de sus fracasos...

Llevar un diario...

Quieren que otros tengan éxito.

Mantenga una lista de "impostor".

Triunfador

Establecer metas y desarrollar planes de vida...

Aprender continuamente...

Operar desde una perspectiva de transformación...

Mantenga una lista de "to-/ proyecto"...

Aceptar el cambio.

Destilan alegría...

Compartir información y datos...

Hablar de ideas...

Lee todos los días...

Dar crédito a otras personas por sus victorias...

Y tienen un sentido de gratitud...

Mayoría de las personas cree que la razón de un montón de gente rica son felices es debido al tamaño de su cuenta bancaria. El tamaño de su cuenta bancaria es sólo de fracción de la razón, pero no el motivo principal. Es

Triunfador

cierto que el dinero les da opciones sobre lo que quieren hacer. Pero como he dicho, es sólo una fracción. Son abundantes en todas las áreas de su vida. Esto significa que ellos pueden tener gente que se preocupa por ellos, personas que las aman, lograr ese sueño que tenían, a todos los lugares de vacaciones soñaban con que, ganó el respeto de los demás, puede haber ayudado a innumerables personas en su vida, tener amigos leales que habían estado allí para ellos desde el principio, etc..

Descubrirás que las personas que siguen esta lista de cheque abundancia están viviendo la vida que quieren vivir. Están conectados y en sintonía con su interior del uno mismo y el espíritu. Hicieron lo que querían hacer en lugar de hacer lo que otros querían que hicieran. En otras palabras, que habían establecido sus propios estándares de vida en lugar de aceptar el estándar de los demás. La verdad es que llegará a través de personas que tratarán de llevarte a la mentalidad de escasez y sabrá quien son. Pero sólo que sea un intento, no una sucesión. Practicando

Triunfador

estos rasgos y hábitos, usted se encontrará mucho más feliz y alegre. Usted experimentará cosas que otras personas con una mentalidad negativa no tienen la oportunidad de.

Si tu objetivo es tener un rico estilo de vida, abre tu mente a este concepto y permite llevarlo a donde usted quiere ser porque nada lo hará. Alimentar el fuego que está dentro de tu corazón y tu alma y allá afuera y alcanzar su sueño. No importa dónde eres o lo que te pasó en el pasado. Si aún se puede caminar, hablar, moverse y vivir, entonces usted puede alcanzar. Tienes más poder dentro de ti que alguien incluso podría penetrar y usted es el único que lo puede sacar. Situación y circunstancias siempre saldrá en tu vida. ¿Cómo manejar esos acontecimientos es totalmente suya. Éxito sólo viene a aquellos que desean y trabajan hacia él. Tener la actitud y la mentalidad es crucial para este viaje a su éxito.

Muchos permiten situaciones y circunstancias malas sacar lo mejor de ellos. El truco para conseguir esas épocas pasadas

Triunfador

es sonreír. Sonriendo de hecho alegrar tu estado de ánimo y abre tu mente a cómo puede mover más allá de los tiempos difíciles. Esta es también la forma de vivir abundantemente. Atraes lo que eres. Seguro que has oído la cita, vamos a llamar al pan, pan pan. Si camina como un pato, actúa como un pato y charlatanes como un pato, no es un oso. Posibilidades son grandes es un pato. Esto significa que si fueras a caminar la parte, hablar de la parte y estar a la altura, son la parte que quieres jugar. *¿Qué es lo que quieres ser? ¿Qué tipo de estilo de vida que desea vivir?* Cuando está todo dicho y hecho, sigue tu vida. El secreto para vivir una vida feliz y abundante es dar a menudo, ama profundamente, reír a menudo y ve por tus sueños porque nadie hará sus sueños realidad pero.

Triunfador

"Dar un paso de fe. No tienes que ver toda la escalera, sólo da el primer paso "-Martin Luther King Jr.

PARTE II: Caminando por el sendero

CAPÍTULO TRECE

Lo que significa descubrir tu sueño

DAladierno tu sueño puede llegar a usted en muchas formas. Venga a usted en un sueño, cuando usted está meditando, mientras estás trabajando en tu trabajo, conversando con amigos o familiares, o podría haberlo descubierto cuando eras un niño. Cuando quiera y sin embargo puede ser, una cosa siempre seguirá siendo el mismo. Usted sentirá una sensación de gozo cuando te das

Triunfador

cuenta de lo que es. Tu sueño será algo que usted disfrutará haciendo generalmente. Pregúntate a ti mismo, *voy a hacer esto de forma gratuita?* Esto es una gran manera de indicar cuál sea su profesión o trabajo de sus sueños.

Haciendo lo que te gusta hacer, no sólo estás en sintonía con su pasión, sino también está ampliando su propia fuerza vital. Se ha demostrado que cuando haces lo que quieres hacer en tu vida, disminuye el estrés y su salud se incrementa, por lo tanto ampliando su vida. Demasiadas personas se están destacando sobre un trabajo que no les gusta. No actuando sobre tu sueño y hacer lo que quieres hacer, te está literalmente matando espiritualmente poco a poco cada día! La depresión parece ser una condición normal para ti, y estrés ha hecho una casa dentro de tu vida. Esto a su vez podría conducir todo lo que te gusta de ti. ¿Quién en el mundo querría eso? Persiguiendo su sueño sería un beneficio para usted y nadie más que están alrededor.

Triunfador

Usted notará que su estado de ánimo ha recogido, tienes mucha más energía para hacer más actividades y se irían a tu vida amorosa! Los beneficios también incluyen:

- Más confianza
- Siento mucho más joven
- Enfermedad se vuelve escasa
- Menos estrés

La lista es interminable, pero créeme, es todos los cambios positivos que usted experimentará por sí mismo. La razón por qué muchas personas no están haciendo lo que aman es debido al temor de no ser capaz de cuidar de sí mismos o a su familia financieramente. Este temor es comprensible. Sin embargo, existe un "mito" de seguir tu felicidad o tu sueño. "Haz lo que te gusta hacer y el dinero seguirá".

Mi experiencia en esta área, tendría que decir que este "mito" es un hecho. Cuando haces lo

Triunfador

que te gusta, el dinero llega a ser completamente irrelevante. Esto vuelve a esa pregunta en hacerlo de forma gratuita. Usted encontrará gente que dirá que esto no es cierto. Pero antes de tomar sus consejos, mira su situación primero. ¿Son verdaderamente feliz con dónde están en su vida? ¿Están haciendo el dinero que les gustaría hacer? Son siempre recalcaron y quejarse acerca de la vida ¿qué tan difícil es?

También se dice que si haces lo que te gusta, no volverás a "trabajar" un día en tu vida. Con cualquier trabajo o negocio, a menudo necesita hacer cosas que no quieras hacer. Para mí, me encanta escribir y motivar a la gente. Así que mi sueño es convertirse en un autor de renombre mundial, coach de vida y orador motivacional para alcanzar el éxito personal. Sin embargo mi habilidad más débil es marketing. Así que cuando trato de mercado mismo, parece que trabajo para mí. Esto no significa que no solo del mercado. Contratar otras personas que aman a comercializar y promover personas para ayudarme en esta área. Se trata de libertad de elección. ¿Va a hacer su sueño una realidad o de otro sueño? Cuando haces las cosas para hacer su sueño hecho realidad, no parece ser el trabajo. ¿Alguna vez has cogido tú mismo mirando el reloj constantemente a lo largo de su jornada de trabajo? En ese momento, no puedes esperar hasta que su tiempo de dejar de fumar. Este es un claro indicio de que está "trabajando".

Cuando está persiguiendo su sueño, parece que no hay suficiente tiempo en el día. Se trata de la percepción. Al descubrir su sueño y decide actuar, debes ir al saber que aun cuando está a punto de hacer lo que te gusta hacer, ahí van a estar algunas partes del trato que parecerá menos excitante para ti que las partes que quieres hacer. Esto es lo que significa hacer lo que te gusta para el trabajo. En un experimento psicológico que tuvo lugar en 1956, demostró la gente es más probable encontrar motivación intrínseca cuando se les paga muy poco que hacer una tarea. Cuando se incrementa la compensación monetaria, de repente el dinero se convierte en la motivación, y como resultado, se siente

Triunfador

menos agradable. Personalmente he hablado con personas que son enormemente exitosa en sus negocios, pero sin pasión por ella. Así que al descubrir su sueño, asegúrese de es algo que te ves haciendo en los años venideros.

Se necesita mucho coraje para actuar en su sueño y se trata de salir de su "zona de confort". Iremos más lejos en eso más adelante en este libro. No estoy sugiriendo que todo lo que harás ahora para perseguir su sueño dejas. La realidad es que no todos están en condiciones de hacerlo. Sin embargo, es posible empezar a tu sueño en cualquier momento de tu vida. Pero uno debe ser prudente sobre ello. Hay ciertas necesidades que deben cumplirse antes de salir de viaje. En 1940-50, Abraham Maslow creó el modelo de jerarquía de necesidades. Esta teoría sigue siendo válida incluso en el mundo de hoy para el entendimiento humano motivación, formación en gestión y desarrollo personal. Esta es información clave a clave al momento de decidir que quieres ir tras tus sueños. Sin saberlo, nos

Triunfador

aseguramos de que estas necesidades sean cumplidas antes de empezar cualquier riesgo. Para algunas personas, algunas de estas necesidades no se están cumpliendo en absoluto, pero hicieron lo que aman hacer todavía y se convirtió en éxito masivo. Así que esta teoría no pueda reinar cierto para algunas personas, pero la mayoría.

El primero y más básico nivel de necesidades que deben cumplirse son sus necesidades biológicas y fisiológicas. Son sus necesidades básicas de la vida tales como *aire, alimentos, agua, refugio, sexo, homeostasis, excreción y sueño*. El segundo nivel por encima de eso sería sus necesidades de seguridad tales como *seguridad de cuerpo, empleo, recursos, moral, familia, salud y de la propiedad*. El tercer nivel por encima de las necesidades de seguridad sería su amor o pertenencia necesidades tales como *familia, la amistad y la intimidad sexual*. Por encima de eso en el cuarto nivel de necesidades sería estima como *autoestima, confianza, logros, respeto por los demás y respeto por los demás*. La necesidad de auto-realización sería la parte

Triunfador

superior de esta pirámide. Se trata de *moral, creatividad, espontaneidad, resolución de problemas, falta de prejuicios y la aceptación de los hechos.*

Se trata de saber exactamente dónde estás en la vida. Esto puede parecer mucho saber, pero en realidad, es un concepto muy simple de entender. Para la mayoría de las personas que descubren lo que podría ser su sueño, te sientes como si tu tienes un propósito en la vida. Si significa está ayudando a la gente físicamente, mentalmente, o espiritualmente, te sientes como si estás destinado a lograr este objetivo. La gran pregunta "sin respuesta" a la vida es "Cuál es el propósito de mi existencia?" Mi respuesta sería que su propósito es lo que se crea por sí mismo. No hay ninguna respuesta predestinada para ti. Dios creó todo el mundo con el don del libre albedrío. Si así lo deseas, vendrá a pasar. Así que lo que usted cree que su propósito de ser, entonces será su destino. Literalmente establece sus propias reglas. Yo tengo una frase que me gusta vivir la situación actual está basado en la decisión de ayer.

Triunfador

Esta es una fórmula básica que se puede usar cuando se trata del proceso de cambio en su realidad tu sueño:

- ✓ Su pensamiento se convierte en
- ✓ Su visión, que se convierte en
- ✓ Crea tu sueño entonces
- ✓ Su pasión que te mueve
- ✓ En la acción

Una vez que actúas en tu sueño, están trayendo activamente su sueño en el mundo físico. Entonces estarán viviendo su sueño como ahora es tu realidad. ¿Esto es bastante simple? Porque esto es una simple fórmula, muchas personas no se adhieren a ella. Siempre escuchará la gente dice que es demasiado simple para trabajar. Este proceso ha trabajado para muchas de nuestras personas exitosas hoy. Sólo cambiando tus pensamientos de la "no pueden" colocar a la "lata" posición, ahora está creando una oportunidad para avanzar y lograr lo que te propongas hacer.

Triunfador

Esto es lo que significa descubrir su sueño. Se encuentra su razón de vivir. Si has tenido un sueño de regreso, desempolvarlo y encontrar la manera de actuar. Si está descubriendo ahora cuál es su sueño en realidad, calibrador de tu vida y descubre lo que puedes hacer para avanzar a él. Alcanzar su sueño está más cerca que te das cuenta. Descubrir lo que puede ser ese sueño es el primer paso para vivir la vida que siempre has querido. *¿Cuál es tu sueño?* Es hora de pasar a la acción y dar esos pasos por el sendero del cazador de sueños. No tienen que ser grandes pasos. Cualquier movimiento hacia adelante es un cambio positivo a su vida y un paso más cerca a usted lograr su objetivo.

CAPÍTULO 14

¿Quién eres

W¿ sombrero te define como persona? ¿Es los amigos que tienes? ¿Qué pasa con su historia personal o tu pasado? Ninguna de estas cosas te dirá dónde estás en vida y definitivamente no define quién eres. Sólo eres capaz de hacer esa tarea. Esto es donde usted tiene la ventaja. Como los niños, todos hemos oído a nuestros padres y nuestros profesores nos dicen en un momento de nuestras vidas jóvenes que podemos ser lo que queremos ser. Esto era realmente sólido y valioso consejo. ¿Quién te crees que eres.

Triunfador

Tus pensamientos controlan el aura o personaje que llevas.

Esto a su vez moverá las cosas para que tus pensamientos se manifiestan en la actualidad. Usted es el creador de su realidad actual. Lo que te sucede todo depende de la mentalidad que llevas. Por ejemplo, si crees eres un locutor profesional, entonces usted se encontrará pensando como uno. Esto va para cualquier profesión allá afuera que querrá esforzarse. Esto es cuando esa fórmula que mencioné en el primer capítulo trata de jugar. En orden por tus pensamientos para apoderarse de sus acciones, usted debe imaginar como un orador profesional. Si te sientes satisfacción de esa visión, descubrirás que el pensamiento de ser uno te consumirá. Esto es cuando usted encontrará que su sueño, si no ya lo sabes, es ser un orador profesional. Esto lanzará la pasión dentro de ti para alcanzar el título del altavoz.

Y entonces de nada, usted se encontrará actuando como uno. Sus acciones serán controladas entonces por la pasión de ser un orador profesional. Empezarás a caminar,

Triunfador

actuando y hablando como si ya estás en la cima de su profesión. Ahora mucha gente podría decir eso se llama ser falso. Pero la más humilde opinión, eso se llama ser real. Para convertirse en algo que quieres ser, debes aprender el arte de la imitación. Esta es la forma más básica de aprendizaje y todavía es un método muy eficaz.

Pero al igual que Superman que tiene la kriptonita temida como su debilidad, todos tenemos algunos puntos débiles que podrían debilitar nuestra determinación o matar completamente cualquier tipo de esperanza que tenemos que hacer mejor. Una cosa que posiblemente podría matar a tu determinación antes de siquiera comenzar es la multitud o decide asociarse con amigos. El dicho, "birds of a feather ellos se juntan" Reina cierto en muchos casos. El tipo de gente con que te juntas determinará cuánto tienes en la vida. Si, por ejemplo, decidió seguir a la gente negativa, entonces las posibilidades son altas que tú, te enrollará hasta sólo como negativo como son. Esto podría ser un bloque de camino perjudicial para usted y no a tomar a

Triunfador

la ligera. Todos valoramos las opiniones que puedan tener nuestros amigos. Si está en la trayectoria que está en las opciones haces a perseguir su sueño. Si están rodeados de amigos que se quejan de la vida lo injusta es, entonces será difícil para que usted pueda ver la vida de otra manera porque valora su entrada.

Para ver qué tipo de amigos tienes, tienes que pensar en el tipo de efecto que tienen en su vida. Pregúntate a ti mismo, *todos los días me animan a perseguir mis sueños y vivir una vida feliz o constantemente vienen con excusas por qué no debería buscar más?* Una gran regla sería si no son un grupo alentador, es mejor que corta lazos con ellos. Esto puede parecer frío al principio, pero es vital que permita a nadie que te de la vida que quieres vivir. Rodéate de gente que quiere las mismas cosas que quieres. Estas son personas que quieren ser más de lo que son ahora y que siempre quiere más. En otras palabras, usted necesita estar cerca de gente con mentes abiertas. Mi experiencia en esta área, que yo mismo rodeado con gente que no es

Triunfador

ajeno a un poco de trabajo duro. ¿Quieres tu círculo de amigos a ser una versión externa de ti. Lo que esto significa es que tú eres quien te rodeas. Así que si eres una persona negativa y miserable, entonces ese es el tipo de personas atraerá y eventualmente ser rodeado. Sin embargo, si usted es una persona positiva y edificante, entonces eso es lo atraerá a su círculo íntimo.

Otro bloque de camino potencial para ti es tu familia. Sé que declaración definitivamente planteado algunas cejas. Aquí encontrarás personas que pueden decir que ellos saben exactamente quién eres. Aunque les gustaría pensar que saben quién eres, sólo sabes esa información. No se sabe quien eres hasta que descubras por ti mismo. En algunos casos, miembros de la familia pueden ser los principales que te baje de su "pedestal". Muchas personas creen que todo aquel que quiera verse como más es arrogante o presuntuoso. Así que harán lo mejor que te baje. Y esta acción no es impulsada por el odio, sino por amor. No quieren verte lastimado o "fallar". Aunque sus intenciones

Triunfador

sean buenas, el efecto sigue siendo el mismo. Esto te puede dejar solo porque se puede sentir como si desaprueba su nueva decisión. Oír la palabra "no" de los miembros de su familias podría lastimar. Pero eso no significa que tienes que aceptarlo.

Usted puede oír cosas como, *"esto no es como tú"* o *"no eres capaz de hacer esto o lo otro"*. Y no podemos olvidar mi frase favorita de todos los tiempos, *"que nunca se ha hecho antes. ¿Qué te hace pensar que puede hacerlo?"* Usted no debería permitir estas palabras a la fase te. Sólo sabes lo que eres capaz de. Piensa en esta durante unos instantes. Todos tenemos un especial algo dentro de nosotros. Durante el período de creación de la vida humana, hay millones de espermatozoides que hace su camino hacia el óvulo. Pero sólo uno alcanzará la vida humana. Tenías un espermatozoide que vencer a la competencia y logró la vida. Así que no puedes decir que no es algo especial. Usted literalmente ha sido lograr grandeza antes de que nacieras.

Triunfador

Simplemente averiguar lo que te hace único de todos los demás. Todos fuimos bendecidos con nuestra propia manera única de pensar. Y si estás en el camino para alcanzar tu sueño, tienes que entenderlo. Podría ser tus ideas o tus conceptos únicos que podrían cambiar la forma en que funciona todo! Hay un poder dentro de todos nosotros que puede cambiar el flujo de nuestras vidas. En algunos casos, hay gente en el mundo de hoy cuya potencia puede ayudar a capacitar a otras personas. A veces, aprendemos que somos después de que ya hemos tomado el primer paso para hacer nuestros sueños realidad a través de las experiencias pasamos mientras que en el viaje.

La siguiente pregunta que debe preguntarse es, *"¿qué me inspira?* "Esta es la clave para tu pasión interna y la razón por la que ni siquiera empezaste el viaje en primer lugar. ¿Cuál es el propósito detrás de sus acciones? Yo sugeriría que escribes todas estas respuestas en un bloc de notas. A lo largo de la ruta larga a tu grandeza infinita, llegará en

Triunfador

los puntos donde se podría olvidar por qué empezaste a incluso el viaje. Por escribirlo y mantenerlo con usted, puede recordar el propósito de su viaje y estímulo para seguir adelante. Es una táctica de gran motivación que se ha utilizado durante siglos. Aunque no utiliza siempre un bloc de notas, hubo algo que uno puede poseer que simboliza la inspiración o su razón de ser.

Inspiración ha llevado a muchas personas de la historia a alturas de riquezas incalculables y riqueza como Thomas Edison, Andrew Carnegie, Leonardo Da Vinci, Bill Gates, Oprah Winfrey, etc.. Alguien que se te ocurra que ha tenido enorme éxito en su vida tuvo una especie de inspiración que provocó su fuego para lograr sus sueños. Una vez que lograr conciencia de sí mismo, encontrar tu sueño y cabo es muy fácil de una tarea.

CAPÍTULO QUINCE

Zona de confort

Yo sentir como si en orden para que estés listo para salir de su "zona de confort", primero sabes lo que es. La zona de confort es la razón por qué tantas personas incapaces de incluso comenzar su viaje a riquezas incalculables y la riqueza. Esta zona sería considerada en un "limitador" y debe eliminarse inmediatamente. Es importante y crucial para su éxito para aprender a evitar ser atrapados en la zona de confort. Una de las principales razones por qué la mayoría de la gente exitosa en el mundo alcanzó un éxito

Triunfador

extraordinario es porque fueron capaces de pensar de manera diferente, tomar riesgos y salir de sus zonas de comodidad. Mayoría de las personas siguen siendo infructuosa y permanecer en sus zonas de comodidad debido a temores, creencias, hábitos limitantes o simplemente por pereza. De hecho, nuestra zona de confort es un lugar en el que nos sentimos seguro y seguro y donde no hay ninguna sensación de riesgo. Se compone de los conocidos, la aceptación y el esperado y puede ser físico, emocional, intelectual o financieros.

La zona de confort es un estado del comportamiento dentro de la cual una persona opera en un estado de ansiedad-neutro, utilizando un conjunto limitado de comportamientos para ofrecer un nivel constante de rendimiento, generalmente sin sentido del riesgo. Personalidad de una persona puede ser descrito por sus zonas de comodidad. Las personas altamente exitosas pueden rutinariamente paso fuera de sus zonas de comodidad, para lograr lo que desean. Una zona de confort es un tipo de

Triunfador

condicionamiento mental que provoca una persona crear y operar las fronteras mentales. Tales límites crean una sensación infundada de seguridad. Como la inercia, una persona que ha establecido una zona de confort en un eje determinado de su vida, tenderá a mantenerse dentro de esa zona sin pisar fuera de ella. Para salir de su zona de confort, una persona debe experimentar con nuevos y diferentes comportamientos y luego experimentan las respuestas nuevas y diferentes que ocurren dentro de su entorno.

Esto se refiere a cualquier esfuerzo que quizá desee participar en tales como actuar en tu sueño. No estoy diciendo que una vez que paso fuera de su "caja" no nunca jamás lo volverá a ver. Eso sería una declaración falsa y el asunto de este capítulo es educarlo en los altibajos de salir. La verdad es que puede enrollar para arriba en una zona de confort mientras te mueves hacia adelante y hacia arriba. No hay un único triunfador ahí quien diria que nunca lograrlo en un estado cómodo otra vez. Usted siempre debe desafiarse a sí

Triunfador

mismo para evitar entrar en otra zona de confort.

Para la mayoría de la gente, salir de la zona de confort puede ser muy alarmante y vergonzoso. Pero sin duda es el paso más importante solo que podemos hacer para lograr el máximo rendimiento en todo lo que hacemos. Debemos tomar acciones que no hemos tomado previamente si esperamos lograr resultados diferentes de lo que hemos estado recibiendo. Tony Robbins dijo una vez: "Si haces lo que siempre has hecho, obtendrás lo que siempre has llegado."

Una de las mejores maneras de salir de nuestra zona de confort es enfrentar nuestros miedos y hacer las cosas que más nos asusta. De hecho, la mayoría de nuestros miedos es innecesarias y contraproducentes. Nosotros mismos nos asustan innecesariamente sobre cosas que nunca sucederán. Franklin D Roosevelt tenía razón cuando dijo que "lo único que debemos temer es al miedo mismo". Debemos enfrentar nuestros temores y verlos por lo que realmente son. Una vez que nos enfrentamos a nuestros miedos, la

Triunfador

muerte del miedo es segura. ¿Qué son miedos? Según los psicólogos, F.E.A.R es "Falsa evidencia apareciendo Real". Debemos hacerlo un hábito de hacer algo que nos asusta a todos los días. Más nos empuja fuera de nuestra zona de confort y hacer las cosas que asustan, resulta más fácil.

También podemos salir de nuestra zona de comodidad y lograr el éxito por romper nuestros hábitos. Nuestros hábitos determinan nuestros resultados y nuestros hábitos negativos siempre crean consecuencias negativas que nos impiden el éxito que queremos conseguir. Para llegar a ser más exitosos, podemos empezar por cambiar nuestros malos hábitos con más productivos. La investigación muestra que tarda sólo 21 días para desarrollar un hábito. Según Paul Getty, el individuo que quiere llegar a la cima en los negocios debe apreciar el poderío y fuerza de la costumbre. Debe ser rápida para romper los hábitos que pueden romperlo y apresurarse a adoptar aquellas prácticas que se convertirán en los hábitos que le ayuden a lograr el éxito que él desea.

Triunfador

Otra gran manera de salir de nuestra zona de confort es deshacerse de nuestras creencias autolimitantes. Estas creencias limitantes son cosas que creemos sobre nosotros mismos que poner límites en nuestras aptitudes. Son ejemplos de creencias auto limitantes cuando pensamos que no somos lo suficientemente buenos hacer ciertas cosas o no somos lo suficientemente inteligentes como para triunfar en la vida. La mayoría de estas creencias no es ciertas, pero nos hacen permanecer en nuestras zonas de comodidad y jugar pequeños en la vida. Podemos eliminar nuestras creencias limitantes por tomar conciencia de ellos, identificándolos y reemplazándolos con creencias más positivas.

Para tener éxito en cualquier cosa, tenemos que liberarnos de nuestra zona de confort y de paso a lo desconocido. Salir de nuestra zona de confort no siempre es fácil y a menudo requiere un montón de trabajo duro, disciplina y perseverancia. Brian Tracy una vez dijo: "noventa a noventa y cinco por ciento de las personas se retirará a la zona de comodidad cuando lo intentan no funciona.

Triunfador

Sólo ese pequeño porcentaje, cinco o diez por ciento, mejorará continuamente ellos continuamente empujará ellos mismos hacia fuera en la zona de incomodidad y estos siempre son los intérpretes más altos en todos los campos". Debemos hacer un compromiso con nosotros mismos a hacer todo lo que necesita para superar nuestros miedos, eliminar nuestra creencia limitante y romper nuestros malos hábitos para conseguir el éxito que alcanzan los artistas pico.

Thomas Edison citado una vez esto: *"Tendremos no mejores condiciones en el futuro si estamos satisfechos con todos los que tenemos actualmente".* Hay cuatro cosas que nos hacen sentir cómodo:

- Familiaridad con ubicación
- Familiaridad con la gente
- Familiaridad en pensamientos
- Familiaridad en acciones

Pero si nos aferramos a familiaridad en estos aspectos de nuestras vidas, no hay ninguna oportunidad para el crecimiento real —

Triunfador

personalmente, profesionalmente o financieramente.

Mi experiencia Marina tratado con la localización y la gente, pero los cambios que hacemos en nuestras acciones pueden tener un efecto cada vez mayor y son la clave para ganar dinero. Trabajando en el mundo corporativo, cualquiera podría se acostumbran a los patrones diarios, semanales o mensuales de las tareas y responsabilidades. Ser adepto o incluso sobresaliente en estas responsabilidades no es suficiente para alguien que quiere dar una buena impresión y aumentar la posibilidad de ser recompensado.

Aquí están algunas maneras que alguien podría salir de la zona de confort en el trabajo:

- Si no hablas típicamente frente a otros, preparar una breve presentación acerca de una de sus responsabilidades y compartirlo en una reunión con su equipo.

- Desarrollar una mejora de proceso único que tiene la posibilidad de aumentar la productividad, ingresos, o lo que es importante para su grupo de trabajo.

- Intente con entusiasmo una tarea difícil que normalmente serían gestionada por su supervisor o a un "nivel superior".

No todo el mundo está conectado por la vida corporativa. De hecho, las corporaciones están llenas de gente que no. Puede estar soñando con alguna actividad más bien harían sólo si el dinero no eran una consideración.

Dos ex vice presidentes de una compañía de mi mejor amigo solía trabajar para estaban cansados de vida corporativa, así se rindieron sus salarios de seis cifras para abrir una casa rural en los Hamptons. Esto pasa en todas partes; personas están haciendo cambios importantes en sus vidas para cumplir con una vocación, un sueño o una pasión. Estos cambios requieren siempre un rechazo de cierto nivel de comodidad en la búsqueda de un nuevo entorno ofrece una posibilidad de superación personal.

Aparte de una carrera o sueño empresarial, es fácil caer en una zona de confort con nuestras finanzas. Es fácil para pagarle a alguien para

Triunfador

hacer trabajo de jardinería básica, por ejemplo. Y si este trabajo de outsourcing está incrustado en la cultura de la familia, pagar a otra persona es natural y cómoda. Puede haber buenas razones para externalizar pero en muchos casos no hay y esas razones — no hay tiempo, ninguna habilidad — a menudo son excusas. Incluso teniendo nunca recogió un rastrillo o plantar una flor, un nuevo jardinero auto-responsables podría ahorrar una cantidad significativa de dinero con el tiempo, amplificada por el interés compuesto.

Muchas personas evitan invertir porque parece difícil o arriesgado desde el exterior. ¿Cómo sabes que las existencias a buscar? ¿Cómo manejas un crash bursátil? ¿Quién puede confiar? Con estas preguntas, muchas personas adhieren a lo que se sienten a gusto con: invertir en 401 (k) de su empresa porque alguien ha tomado la decisión por ellos y tienen algo más ahorro izquierda después de los gastos al final del mes en una cuenta bancaria.

Este es el resultado de la comodidad financiera. Aunque se siente bien, y esta persona puede tener una sensación de seguridad que no puede pasar nada malo, el costo de oportunidad podría ser significativo.

Triunfador

Por *no tomar medidas*, el aspirante a inversionista es probable perder la oportunidad de miles, decenas de miles, o incluso cientos de miles de dólares durante toda la vida. Esto podría ser resuelto por dar un paso fuera de la zona de confort y aprender a hacer algo nuevo: invertir.

Si usted quiere ser recompensado en tu trabajo, tener éxito en tu propio, mejorar su situación financiera o siento que logran algo, la clave es salir de tu zona de comodidad. **Incluso si lo que estás haciendo trabaja para ti, un poco de esfuerzo para intentar algo nuevo podría resultar en un mejor resultado.** Si sigues haciendo lo que es normal, los resultados seguirá siendo tan común y corriente. La única solución es comenzar a hacer algo extraordinario.

Pero al igual que cualquier movimiento contra la naturaleza humana, esto no viene naturalmente. Para resumir este capítulo, vamos a volver sobre maneras que puedes romper fuera de tu zona de comodidad:

- **Edúquese.** Encontrar a otras personas logran lo queremos lograr con un alto nivel de éxito. Investigación de sus tareas lo más posibles, leyendo blogs, libros y estudios de caso. Encontrar a guías que proporcionan instrucciones paso a paso para la tarea fuera de tu zona de comodidad que usted desea lograr. Vuelven a sus recursos a lo largo de todo el proceso.

- **Equipo arriba** Internet es tu amigo, pero no hay nada como pasar un tiempo en conversación personal con alguien cuya trayectoria le gustaría emular. Si tu objetivo es dejar de comprar cena y empezar a cocinar todos los días, leyendo recetas sólo te llevará tan lejos. Tener un experto ayudarte dándote experiencia práctica bajo la atenta mirada de un guía personal. Para lo que quieras lograr encontrar una clase que le permite participar al trabajar con compañeros de clase, la mayoría de los cuales podría estar en la misma situación que tú. No hay seguridad y confort en números.

- **Crear un plan.** Escritura abajo un desafío, ya sea sólo en un cuaderno que mantuvo en su mesita de noche o en un blog público al mundo, hace real. Creo que el público más, mejor.

Triunfador

(En el comentario de consumismo, hago mis finanzas públicas, lo que significa que soy responsable ante el mundo, no sólo yo. Esto trae una presión extra, pero la motivación también). Mientras escribía, irrumpe en su meta por lo menos tres logros mensurables y romper esos logros en al menos tres tareas. Esta es la hoja de ruta. Por ejemplo, correr una 5K está fuera de la zona de comodidad de muchos adictos. En este caso, ha sido creado un plan para usted. Todo lo que tienes que hacer es seguirlo.

- **Tomar pequeños pasos.** Como el primer paso de un teleadicto en el camino a su primer 5K, el primer paso es siempre el más difícil. Cualquier tarea que parece titánica puede desglosarse en pequeños pasos. Finalmente, la serie de pequeños pasos se convierte en tu camino a la meta. Algunas personas pueden hacer el cambio que quieren en un salto una vez deciden enfrentar el obstáculo, pero eso no es la mejor opción para todo el mundo. En general, pequeños pasos resultan en éxito porque un proceso lento ayuda a reforzar e interiorizar la experiencia — construcción gradual confort.

- **Criar una *nueva* comodidad.** Como hacer lento progreso a través de una serie de tareas o repetición, son en realidad *ampliando* su zona de confort. Lo que usted nunca habría considerado hacer ahora es algo podría hacer sin pensárselo dos veces. Puede encontrarse buscando más y listo para hacer nuevos planes una vez confort fija. A pesar de mi nerviosismo sobre la Universidad, no tardó para sentirse cómodo allí. Pronto estaba buscando a más retos, como el funcionamiento de las organizaciones estudiantiles.

Por salir de tu zona de comodidad, estás abriendo tu mente a nuevas experiencias, por lo que es natural para sus objetivos y deseos de cambiar a lo largo del camino. Un inversionista novato cuyo objetivo era familiarizar a sí misma con el mercado de valores puede tener una gran experiencia después de la primera brecha de zona de confort que ella puede ser inspirada para convertirse en un planificador financiero y ayudar a otros a alcanzar sus metas

Triunfador

financieras. El trabajador de fábrica que renuncia a su trabajo para ejecutar su propio negocio puede lograr el éxito personal que inspira a conocer a gente nueva, incluyendo a su futura esposa.

Las recompensas para escapar de tu zona de comodidad son ilimitadas. Las recompensas por no ampliar su experiencia están bien definidas: más de lo mismo.

CAPÍTULO 16

Fe en tu sueño

Fíat es un arma poderosa en el arsenal cuando se trata de convertirse en éxito masivo. Es la fuerza impulsora detrás de tu pasión y también es la fuerza que hará todo lo posible. Otra palabra de fe es creencia. Cualquier esfuerzo te encuentras metiendo, debe tener fe. En cuanto a crear el estilo de vida que deseas, desarrollar esta facultad en tu mente puede ser una herramienta importante para ti y para tu progreso. Si usted no tiene fe o creer que el piso le apoyaría en la mañana cuando levanté de la cama, no dar ese pasó ¿verdad? Estoy hablando de realmente NO tienes fe que la planta será allí

Triunfador

o crees que sólo te caerá en este interminable agujero o algo hacia esa naturaleza.

Normalmente, cuando alguien inicia un nuevo negocio y no tengo fe que sino que florecerá, tienden a renunciar o abandonar rápidamente porque la energía apasionada volver tras fracaso nunca llega. Si tienes un sueño que le gustaría lograr algún día, tienes que creer que llegará ese destino. Al igual que el pensamiento controla sus acciones, fe puede controlar sus sentimientos hacia sus acciones. Más que probable, no actuaría en tu sueño si no tienes fe que jugará la forma que quieres. Pero tal vez nos estamos moviendo demasiado rápido. A fin de tener una fe en algo, debes empezar con tener fe en ti mismo. Demasiado a menudo la razón por qué una persona no actúa sobre todo lo que desean es debido a la falta de fe en uno mismo. Es como si un chico tímido vio a una chica le gustó pero nunca enfoques su debido al temor de rechazo o falta de fe en sí mismo. Él no se "ve" puntuación alguna vez con una chica caliente como ella. ¿Qué hace? No actúa en absoluto. Y sin darse cuenta hasta que es demasiado tarde, renunció a sus posibilidades de ser con ella cuando ve otro aprovechar la oportunidad que desperdició. No creer en ti mismo puede definitivamente "robarse"

Triunfador

oportunidades para ti. Especialmente si tu objetivo es hacer más ingresos. Pero temo no lectores! Ayudarle a superar este desafío es el punto de este capítulo. En el momento de que terminar la lectura de este libro, usted tendrá la fe y todas las herramientas que usted necesitará dominar su propia vida y llevar todo al siguiente nivel.

Ahora observemos algunos puntos y consejos que te ayudará a encuentran que fe "interna" que se necesita para pasar a crear el tipo de estilo de vida que siempre quisiste vivir. Estas son sólo sugerencias y no tienes que seguirlos. Sin embargo, si usted quiere ver un cambio drástico en su vida, se recomienda que siga estas instrucciones al pie de la letra. El objetivo de esto es eventualmente ayudar a superar los obstáculos que pueden ser te impide llegar a ese sueño que siempre quisiste.

- **Establecer metas-** Al establecer metas para ti, está tomando el control de lo que será su próxima acción.

- **Reconocer cuando logras tus metas...** Algo tan sencillo como esto construirá su confianza mientras que avanza en el camino a tu éxito.

Triunfador

- **Considerar razones fail-** No es una persona que jamás ha logrado sus objetivos nunca falló en algún momento. Tomar esas fallas como lecciones para construir sobre su carácter y aprender de ellos. De esta manera, ahora eres mejor y usted será capaz de alcanzar la meta que falló una vez antes de.

- **Expectativas realistas de uso para juzgar su éxito...** No esperaba correr una milla en cuatro minutos, hasta que haya entrenado y condicionado a correr una milla en cuatro minutos. Usted puede juzgar su éxito mirando la brecha entre dónde estás y dónde quieres estar. Esta perspectiva le ayuda a evaluar lo que queda por hacer. Usted también puede juzgar al mirar el progreso que has hecho de 2 a 3 años o hace 2 meses. Esto le ayudará a descubrir lo lejos que ha llegado. Ambas perspectivas son válidos.

- **Dar su tiempo y energía a los demás-** Al realizar esta acción, usted obtener retroalimentación positiva y respeto de los demás. Estos son

Triunfador

bloques de construcción para la autoestima... que es un paso esencial para creer en ti.

- **Toma la crítica. Pero nunca permitir que convencerte de que eres menos de lo que eres-** allí no es nada malo tener una mente abierta y aceptar la crítica. Utilice esa información para construir sobre sí mismo para ser el mejor que usted puede ser. Esto es importante si hacer más ingresos es su meta. Si están empezando o ya tienen un negocio, una crítica constructiva es el camino a seguir. De esta manera, cubrirá las necesidades y quiere de la gente y crea una relación más saludable y feliz entre usted y sus clientes.

- **No abandones tus sueños, metas o aspiraciones para usted nunca saben bien cómo son realmente hasta ponerlos en acción-** esto va a caminar fuera de tu zona de comodidad. Por no renunciar a sus objetivos, está generando más confianza en sí mismo dentro de sí mismo y por lo tanto, crear un hábito de rasgos exitosos.

Triunfador

Con fe acumulando dentro de ti, está generando una "vibración" que está siendo enviado a la realidad de la vida. Con ese tipo de poder, inconscientemente están doblando sus circunstancias a su voluntad. Usted notará que las cosas empiezan a cambiar para ti. Y esto no está en ninguna clase de ritmo. Las cosas cambiarán para ti en una velocidad tan drástica y sorprendente, incluso no vas a creer que era posible. La fe es una poderosa herramienta para cambiar tu vida completamente alrededor. Ahora, aquí está la horrible verdad detrás de tener fe en ti mismo. No todo el mundo va a tener fe o creer en ti. La verdad sea dicha, es difícil la subsistencia que no fe cuando otros alrededor de usted. No permitir que dificultan su progreso en grandeza. También dentro de este capítulo, voy a mostrarles un programa que cuenta con doce pasos necesarios que debes tomar para poder sobrevivir el "odio" que puede estar sintiendo de otros mientras estás en tu viaje al éxito masivo. Cada uno de estos pasos te ayudará en el día a día. Algunos pueden dudar de usted y su sueño. Esta es una situación normal. Este factor ha dejado muchas personas desde hace más o cada vez más porque permiten a otros tener esa clase de poder e influencia en sus vidas.

Triunfador

Aquí están los doce pasos a uno ayudar a superar este obstáculo:

- **Tratar de ser mejor que tú mismo**
- **Tómate tiempo para jugar**
- **Siempre será la primera versión de ti mismo**
- **Siempre sueño y dispara más alto que lo que creías posible**
- **No sólo a ser mejor que sus predecesores**
- **Pide lo que quieras**
- **Reír a menudo**
- **Vivir en voz alta**
- **Ser ávido**
- **Nunca deje el intento de crecer. Aprender cosas nuevas**
- **Enfocarse en sus metas**

Triunfador

- **Lo más importante-** *BE ti mismo*

En muchos casos, nuestras figuras grandes e históricas que ganó enormes riquezas y riqueza fueron a través de su propio "juicio de fe" cuando se encontraban en el camino para lograr su sueño. La invención de la primera aeronave tripulada en vuelo por los hermanos Wright es un gran ejemplo de dos hermanos que tenían fe en su invención y empujado adelante con convicción inquebrantable. *Estos dos hermanos pasaron mucho tiempo observando aves en vuelo. Notaron que las aves se dispararon contra el viento y que el aire que fluye sobre la superficie curvada de sus alas creado elevación. Aves cambian la forma de sus alas para girar y maniobrar. Los Wright creían que podían usar esta técnica para obtener control de rodillo por deformación o cambio de la forma, de una parte del ala. Esto provocó una idea dentro de los dos inventores.*

En los próximos tres años, su hermano Orville y Wilbur diseñaría una serie de planeadores que iba ser volado en vuelos no tripulados tanto pilotados. En el transcurso de estos años, tenían unos intentos fallidos. Pero como lograr cualquier sueño, usted

Triunfador

debe pagar sus deudas antes de llegar a la carga! Pero incluso a través de esos fallos, ellos creían que hacen este trabajo, y finalmente lo hicieron! A raíz de una prueba exitosa del planeador, los Wrights construcción y probaron un planeador de tamaño completo. Seleccionaron a Kitty Hawk, Carolina del norte como su sitio de prueba debido a su viento, arena, montañoso terreno y ubicación remota. En 1900, los Wright probaron con éxito su nueva ala de 50 libras con sus 17 metros de envergadura y mecanismo de ala-combeo en Kitty Hawk, en ambos vuelos no tripulados y el primer vuelo tripulado. Basándose en los resultados de los vuelos de prueba, los hermanos Wright planea perfeccionar los controles y el tren de aterrizaje de la aeronave y construir un planeador más grande.

Ahora con los cambios viene un conjunto diferente de problemas que pueden ocurrir. El planeador fue aun mas pesado esta vez alrededor con una envergadura de 22 pies y el peso de casi 100 kilos. No había suficiente energía de elevación, el ascensor hacia adelante no fue eficaz en el control de la cancha y el ala combeo mecanismo causó el aeroplano a descontrolarse. Los Wright predijeron en su decepción que el hombre

Triunfador

probablemente no volará dentro de su vida. A pesar de los problemas que tenían en sus últimos intentos de vuelo, los Wright revisaron los resultados de las pruebas y determinaron que los cálculos que habían utilizado no eran confiables. A través de visión instantánea, decidieron construir un túnel de viento para probar una variedad de formas de ala y su efecto en la elevación. Después de algunos intentos más, los hermanos Wright hizo historia y nació el Vin Fiz. En 1911, fue el primer avión para cruzar los Estados Unidos. El vuelo tuvo 84 días, deteniendo al menos 70 veces a lo largo. Pero finalmente lo hizo a California.

Fe en sus metas y sueños puede y le llevará lejos a hacerlas realidad. Y amar lo que haces mientras estás en tu viaje a cumplir con el propósito de su vida, será hecho ayuda a que superar los tiempos difíciles. Pocas personas se dan cuenta que creer en ti mismo y tener fe en su sueño en realidad pueden cambiar tu vida en multitudes. Siempre recuerda estas palabras o escribir algún lugar que se puede leer todos los días para recordarle sobre cómo usted puede alcanzar su sueño. *"Fe hace todo lo posible. El amor hace todas las cosas fáciles."* Mantén tu fe viva y ardiente y te

Triunfador

redimirá a los beneficios que le aguardan en el extremo de la línea.

Triunfador

CAPÍTULO DIECISIETE

Crear el hábito

*H**Ay qué los rico siguen haciendo más ricos y los pobre siguen empobreciéndose?* La mayoría diría que los ricos son personas que tienen toda la buena suerte y que los pobres tiene toda la mala suerte. Bueno, me permite arrojar luz sobre su mundo y asegura que no es el caso en este asunto. Todo se reduce a la costumbre. Tener un hábito saludable puede no sólo poner dinero en sus bolsillos y mantenerla allí, pero también puede ayudar a mejorar su vida diez veces. El problema que existe hoy en día es que la mayoría de gente no sabe cómo ir sobre la creación de un hábito saludable para ganar más dinero o para mejorar su vida. Hábitos tienen una forma desagradable de baja también. Este capítulo está dedicado a mostrar qué efectos que tienen los hábitos positivos y negativos de su vida y cómo cambiar un hábito que puede tener vuelta.

Lo creas o no, se crean los hábitos de la mayoría de nuestros pensamientos. Así que si la mayoría de tus pensamientos es negativa, nueve veces de cada diez tus hábitos reflejará. Mucha gente no se da cuenta o no decide ver que hábitos controla sus acciones. Algunas personas simplemente no quieren renunciar a ciertos hábitos que pueden entorpecer su progreso porque pueden disfrutar de ellos o les podrá traer consuelo temporal. Pero preste atención a esta advertencia, si su objetivo es hacer más ingresos y vivir una vida de abundancia plena, que es la razón por la mayoría de la gente Lea este libro, romper sus malos hábitos y habitan algunos hábitos nuevos y positivos. En el transcurso de este capítulo, todos proporcionará la clave a los que puedes empezar a acumular millones de dólares y

Triunfador

cambiar tu vida drásticamente tan rápido como le gustaría. Pero como todo en la vida, tomará mucha práctica y esfuerzo dedicado para cambiar sus hábitos en un dinero haciendo costumbre.

Para cambiar tu hábito, uno debe cambiar su mentalidad entera. Para convertirse en millonario, piensa como uno. Esta tarea puede ser difícil para algunos lograr simplemente debido a la situación de en que cada persona puede estar. Yo puedo asegurarle, sin embargo, esto es totalmente posible. Piensa en un nivel que va a cambiar tu personaje. Pediría a mucha gente, "y me dices que pensar como snob?" La respuesta sería un no. No tienes que pensar como un snob. Pero lo que yo digo es que para tener más, debes convertirte en más de lo que eres ahora. En pocas palabras, lo que ha estado haciendo hasta ahora no ha estado trabajando, así que es hora de probar algo nuevo. Esto va a cambiar la vibración de su pensamiento. Recuerdo en los capítulos anteriores que cambiando su vibración de pensamiento, están cambiando cómo las cosas funcionan para usted en la vida. Tus pensamientos controlan sus acciones. Así que si piensas como un millonario, te moverás como uno también. Usted se encontrará a crear hábitos

Triunfador

que le harán una abundancia de dinero. Esto no sólo se aplica para hacer dinero. Usted puede cambiar la vibración del pensamiento en cualquier cosa que desee. El resultado final será el cambio de hábitos que resultarán en alcanzar su meta más rápido. Pero este cambio debe ser deseable. No puedes "fingir el funk" cuando se trata de cambiar tu hábito. Tu mente sabrá si te refieres a o no. Y sin esa "necesidad" de cambiar, no verás los resultados que deseas. Tan con dicho esto, usted debe mezclar esto con emoción.

Si te sientes como si cambiará, y crees que lo hará con todo tu corazón, entonces usted verá los resultados que desea. Este es el momento cuando la mente y el corazón deben estar de acuerdo para cumplir con una meta común. Un gran hábito de tener está siendo decisivo. Fortuna no favorece el alma indeciso. Cuando usted constantemente todo procrastinar, sólo están retrasando su fortuna, su éxito de encontrarte. Este hábito horrible le llevará por un camino de destrucción. Así que es vital que aprendas a ser decisiva en todo lo que haces. Si no ser decisivo, alguien decidirá por ti lo que tu futuro depara. Ese poder no pertenece a nadie más que tú. Aquí hay unos sencillos hábitos que podéis ver que

Triunfador

definitivamente te pondrá en la vía rápida a la riqueza.

- **Establecer metas grandes-** No importa lo que la palabra rico significa para ti, tienes que fijó la meta de llegar. No hay nada malo en metas pequeñas, pero tienes que pensar en grande para enriquecerse. Por ejemplo, establecer el objetivo de construir tu riqueza hasta $125.000 dentro de los próximos cinco años. Si no quieres centrarse exclusivamente en ingresos, establecer metas en torno a otros detalles financieros como pagando su hipoteca en un corto período de tiempo o ahorrar suficiente dinero para pagar grandes compras con dinero en efectivo para evitar entrar en deuda. Asegúrese de que mientras sus objetivos deben ser "grande" aún deben ser alcanzables. Quiere desafiarse a sí mismo, pero no desafiarse a sí mismo con una meta realista; de lo contrario, será convertido en desinflado y sentir que baja al no llegar a esos objetivos. Tome ventaja de refuerzo positivo.

Triunfador

- **No perder de vista sus metas-**
  Nadie puede establecer una meta, pero la mayoría no lo que se necesita para llegar a ellos. Si quieres hacerte rico, tienes que seguir el camino correcto, no importa lo que se pone en su camino. Día tras día, revisar su meta y asegúrese de que usted está tomando pasos para alcanzarlo. Publique sus metas en su refrigerador, en el espejo de su baño, soporte de la noche. Mantenerse motivado! Tener a alguien al lado de apoyo. Esto puede ser cualquiera de un amigo que está tratando de lograr un objetivo similar, o un cónyuge que está dispuesto a trabajar con usted para hacer que esto suceda. Los objetivos son siempre fáciles de alcanzar cuando tienes ayuda.

- **Un diario.** No sólo es esto es una gran manera de seguimiento dc metas y el progreso que están haciendo, pero que también le da un lugar para grabar tus sentimientos sobre dinero y detalles relacionados. Sorprenderás de cuánto progreso se realizan cuando empiezas a poner sus pensamientos en papel. Si te metes en este hábito, es

Triunfador

fácil mirar hacia atrás en cualquier momento y ver cuánto has venido y si eres realmente en su camino a convertirse en ricos.

Unos hábitos sencillos como estos te ayudará a ser exitoso en cualquier empresa en que puede tomar a lo largo de la carretera. Otro hábito creativo sería hacer tu propio contrato personal con uno mismo. Me he dado cuenta que esto le ayudará mantener centrado en tu objetivo. Hacer una declaración como, "Me convertiré en millonario exitoso y conocido a finales del año". Entonces podría firmar con su nombre y en la actualidad, después de su declaración. Tenga en cuenta que su declaración puede ser cualquier cosa que usted desea. Mientras pones tu fe detrás de él, esta declaración tendrá más poder para él y se convertirá en una forma de vida para usted. Por lo menos dentro de ese mismo año se hizo la promesa. Y no te preocupes si no haces el plazo. Si terminas pasando por esto, simplemente establecer otro plazo. Esto es sólo para recordar y motivarte a seguir adelante.

Ahora nos metemos en lo que me gusta llamar afirmaciones positivas. Estas son declaraciones que se pueden hacer a ti mismo

Triunfador

sobre una base diaria. Las afirmaciones pueden transformarse en tus pensamientos reales si dicho con la frecuencia suficiente. Muchas veces encima, la gente utilice afirmaciones negativas dentro de sus mentes o dijo en voz alta a sí mismos. Esto solo puede y mantendrá una persona que quiere subir a la clase de los ricos en el nivel de pobreza. No quieres nada pero afirmaciones positivas en tu mente. Repitiendo afirmaciones positivas todos los días, va a cambiar las vibraciones de sus pensamientos. Recuerda, lo que siempre piensas, atraes a tu vida. Así que sería beneficioso para que salgas de la frase "No puedo" de sus afirmaciones y sus pensamientos. Reemplazar con "Yo puedo". Refuerzo positivo es diez veces más poderoso que el negativo y un camino seguro para conseguir exactamente lo que deseas frente a lo que no deseas. Si tu objetivo es ganar más dinero, hay 3 afirmaciones poderosas que me digo todos los días y trabaja su magia. Por decir y creer en estas frases, activamente están asegurando su éxito.

-"*Me encantaría tener más dinero*".

Tenga en cuenta que esta afirmación no contradice la creencia de que no tienes

Triunfador

suficiente dinero. En cambio, simplemente diciendo "Me encantaría" ayuda que te centras en un estado más fácil de ser y un estado de tener un montón de dinero.

Es importante concentrarse en la emoción positiva en lugar de la emoción negativa. No quieres mantener una actitud que refleja por querer tener más dinero pero sentimiento frustrado que no. Por el contrario, desea mantener una actitud que se centra en cómo **increíble** parecería tener más dinero.

¿Puedes sentir la diferencia entre las dos mentalidades? Cuando dices: "me encantaría tener más dinero," centrarse en las razones de por qué te encantaría tener más dinero. *Cómo ayudaría a tener más dinero? ¿Qué cosas maravillosas haría si tuviera más dinero?* Centrarse en los aspectos positivos de tener más dinero, y en pocos minutos se sentirá un suceso positivo cambio.

-*"Dinero puede ser utilizado para tales fines maravillosos"*...

Esta afirmación de dinero puede ayudar a superar creencias negativas tales como, "el

Triunfador

dinero es malo; tener dinero es malo; los ricos son personas codiciosas que engañaron a otros para tener su riqueza,"y así sucesivamente. Cuando dices, "El dinero puede ser utilizado para cosas tan maravillosas," empiezas a ver el dinero como un **herramienta** para la bondad. Ciertamente puede ser utilizado en una forma negativa también, pero cuando usted siga recordándose que puede ser utilizado para esfuerzos positivos, disminuir su resistencia a permitir que más dinero fluir en tu vida.

Como dices esta afirmación, asegúrese de concentrarse en las cosas buenas que harías si tuvieras mucho dinero. "El dinero puede ser utilizado para cosas tan maravillosas." *¿Qué tipo de cosas maravillosas. ¿Cómo usarías tu dinero en beneficio del mundo; para beneficiar a su familia; para beneficio propio?*

"Hay un sinfín de maneras que puedo recibir más dinero"...

Esta afirmación de dinero te ayuda a cambiar la creencia limitante que dinero puede venir solamente a usted a través de

Triunfador

su trabajo u otras vías limitadas. Cuando dices: "Hay un sinfín de maneras puedo recibir más dinero," enviar una intención al universo que usted está abierto a recibir dinero a través de pasarelas interminables!

Esencialmente está creando una nueva creencia que el universo entonces actuará sobre. Dinero comenzará a venir a usted en diversión y formas inesperadas, que fortalecer su creencia, que atraerá aún más dinero para usted! La clave con esta creencia es decirlo como verdad. Dilo con pasión y energía en su voz. Realmente lo mejor para **creer** que, aunque en realidad no lo cree al principio. Tiempo lo harás, y sus circunstancias externas reflejará la fuerza de su creencia.

Para obtener mejores resultados, por lo menos decir **una** de estas tres afirmaciones diariamente. Si puedes, decir los tres diariamente, pero si eso es demasiado abrumadora te puede elegir sólo uno para comenzar con. Esta afirmación no sólo una vez o dos veces al día-según dicen - realmente vierte su esfuerzo completo diciendo una y otra vez durante todo el día. Lo digo mientras se esté duchando, mientras que usted está conduciendo, mientras que usted está

Triunfador

caminando, ir de compras, ver la televisión. ¿Quieres realmente saturar su mente con las ideas y comenzar a plantar las semillas de forma positiva nuevas creencias sobre el dinero.

Las afirmaciones pueden ser útiles para atraer más dinero y otras formas de abundancia en tu vida, pero tienes que elegir cuidadosamente sus afirmaciones de dinero y utilizarlos en la forma más efectiva. Contrariamente a la creencia popular, las afirmaciones no tienen ningún poder mágico por sus propios medios. El verdadero poder de una afirmación es que mejora tus sentimientos sobre un tema particular. ¿Por qué es este poderoso?

Porque la ley de atracción se activa según sus creencias, sentimientos y pensamientos dominantes. Entonces, si tus pensamientos muy a menudo se centran en dinero y abundancia en una forma negativa, probablemente piensas cosas como esto a menudo: *"odio no tener dinero suficiente. Odio estar en la ruina. Huele mal que otras personas tienen más dinero que hago. Odio luchando para pagar mis cuentas. Odio*

Triunfador

sienten tan ansioso y preocupado todo el tiempo." Y por supuesto, cuanto más piensas pensamientos así, peor te sientes.

Cuando usas afirmaciones de dinero para empezar a cambiar sus creencias, sentimientos y pensamientos dominantes, empiezas cambiando su enfoque en una dirección más positiva. Sin embargo, usted no puede saltar desde un estado negativo sólo a un estado positivo. Todo lo que necesitas hacer es transición gradualmente. Por esta razón, sus afirmaciones de dinero deberían redactarse de tal manera que te ayudan a hacer ese cambio fácilmente y con suavidad. Si usted elige las afirmaciones de dinero que son increíbles, su mente subconsciente les resistirá y verás resultados no.

Por ejemplo, si has dicho la afirmación, *"Soy rico"* pero no es ricos en este momento, su mente subconsciente lo bloqueará porque sabes que no es cierto. Peor aún, si usted realmente está luchando financieramente, diciendo "Soy rico" puede suscitar todo tipo de sentimientos negativos como ira, amargura, ansiedad y resentimiento - que sólo mantiene encerraron en un estado negativo de la manifestación.

Triunfador

El truco que voy a revelar que vino de un libro escrito por *Napoleón Hill* llamado *pensar y crecer*. Esta declaración sin duda me ha ayudado a alcanzar niveles de éxito que uno sólo puede soñar. Y sé que esto también le ayudará. Cuando quieres lograr algo concreto y quieres un montón de ingresos para hacerlo, me ayudaría si diga en voz alta lo siguiente:

La cantidad de dinero me gustaría recibir por tiempo is___

Y a cambio de la cantidad deseada de ___ sí provide___

Asisto completamente para tener el by___ deseado amount___

Repitiendo todos los días en presentarse y antes de colocar la cabeza hacia abajo para descansar por la noche, ponen en marcha una cadena de eventos que puede y va a pasar que si sigues las instrucciones, usted se encontrará en movimiento y haciendo cosas que te ayudarán a alcanzar su meta. Pero como dije muchas veces, tienes que poner fe y tu corazón en. Esta es la única manera que

Triunfador

este truco funcionará para usted.

CAPÍTULO 18

Tiempo: Un Factor de pérdida

Life no es nada más que el tiempo pasan en esta tierra. Es nuestro más preciado y por desgracia para mucha gente, la mayoría en vano. Mucha gente en nuestro mundo de hoy pasan mucho tiempo viendo la televisión, hablando por teléfono, leyendo sobre lo que está sucediendo en vidas de celebridades y así sucesivamente. Haciendo estas cosas no sólo te detendrá de vivir la vida, pero va a matar cualquier esperanza de que cumplir con su verdadero potencial. Para quienes desean tener éxito, debe poner en el tiempo y esfuerzo. Sin necesidad de utilizar su tiempo correctamente, está ejecutando ese tiempo esenciales necesarias para hacer realidad su sueño. Puedo decirte esto, no alcanzarlo viendo televisión todo el día. Con andar el camino hacia el éxito puede venir gran sacrificio. Puede haber algunas cosas que te gusta hacer ahora que tendrá que posponer hasta que haya alcanzado ese objetivo que quería lograr.

Para muchos estadounidenses, nos gusta ir a discotecas, fiestas, etc.. ¿Pero esta toma tiempo que usted podría usar para acercarse a su sueño? ¿Esto es una distracción para sus ingresos? La respuesta a estas preguntas sin duda sería un *Sí.* Es sabido que mucha gente perdió sus años de juventud de fiesta en vez de avanzar para hacer su ingreso de sueño. Por lo tanto, perder el tiempo precioso que nunca conseguirán volver. El tiempo es dinero. Esta es una frase simple, pero sin embargo es cierto. Cada minuto que pasa es otro dólar uno podría haber ganado. Si quieres tener éxito, usted debe priorizar lo que es verdaderamente importante para ti. ¿Está de fiesta cada fin de semana ahora ayudar a acercarse a sus objetivos de lograr éxito masivo? Es mucho más fructífero para poner en el momento y después del partido cuando han tenido éxito en sus objetivos de hacer más ingresos. Hay una sensación de tranquilidad cuando sales en ese momento.

Otra pérdida de tiempo está viendo televisión todo el día. Hay toda una vida allá afuera esperando a tomar mano de. Si usted invierte su tiempo en no hacer nada, pero viendo el tubo, esperaba más adelante. Muchas personas se quejan de cómo lo desean pueden ganar más dinero y ser rico como el 1%. Pero no hacen nada más que eso. Van a casa y ver el reality show de multimillonarios y los ricos. Como que están observando, deseando que puedan vivir la vida de una superestrella. Esto no es aceptable si vas a lograr nada. Su situación actual se basó en las decisiones que hiciste ayer. Si su decisión es esperar a que algo milagroso que te pase, siempre estarás en ese estado de espera. No llegará para ti que te lo prometo. No encontrará sus

Triunfador

objetivos haciendo eso. Si quieres conocer su éxito en el medio debe poner en algunos de los trabajos. Éxito es atraído a aquellos que tienen hambre de él. Éxito también se concede a aquellos que invierten el tiempo en también. En otras palabras, el éxito no es comprado con dinero, pero con el tiempo. Esto entra en esa frase, "se recoge lo que coser". Las semillas que se acuesta hoy crecen con el tiempo que pones en ello. Más adelante en el futuro, esas semillas se han convertido en éxito masivo. Si cuidas de esas "semillas" correctamente. Gestión del tiempo es crucial para su éxito y debe tomarse muy en serio. ¿Ayudaría si supieras cómo administrar correctamente tu tiempo. Estás de suerte! En el siguiente ejemplo de 30 puntos puede utilizar en el cual administrar mejor su tiempo. Sin embargo, estas son sólo sugerencias. Pero si quieres ser verdaderamente exitoso, sería prudente prestar atención.

Triunfador

1. Haga una lista de tareas (electrónica o en papel). Poner el elemento más importante primero y trabajar hacia abajo a partir de ahí.

2. Al final del día, revisar lo que has hecho y hace una nueva lista para el día siguiente. En orden de importancia.

3. Ser despiadado sobre establecimiento de prioridades. Asegúrese de que es muy importante lo que piensas es importante.

4. Aprender a distinguir entre lo importante y lo urgente. Lo importante no es siempre urgente. ¿Qué es urgente no es siempre importante.

5. Lleve su lista de tareas con usted en todo momento.

6. Todas las cosas son iguales, lo más difícil y menos divertido primero. Terminemos con esto!

7. Si una tarea dura menos de cinco minutos, hazlo ahora mismo. Si tarda más, ponerlo en la lista.

8. Trato con correo electrónico en conjunto veces cada día, si es posible. Si usted necesita revisar los mensajes que llegan, limitar sus sesiones a menos de cinco minutos.

Triunfador

9. Horario ininterrumpido tiempo cada día cuando se puede concentrar en tareas importantes, incluso si tiene que refugiarse en una sala de conferencias o en la biblioteca.

10. Otro enfoque: antes de revisar su correo electrónico o correo de voz o involucrarse en las minucias del día, dedicar una hora sólida a su proyecto más importante.

11. Por un par de días, tome un inventario de cómo pasas tu tiempo para averiguar dónde y cómo lo estás desperdiciando.

12. Eliminar al pasar el tiempo (por ejemplo, si el teléfono personal llamadas ocupan demasiado espacio en su jornada de trabajo, apague su celular).

13. Cortar grandes puestos de trabajo en trozos pequeños. Ordenar los trozos de importancia. Trabajar en un trozo a la vez.

14. Para tareas grandes y complejas, programar el margen de maniobra. Proyectos tienden a tomar más tiempo del que piensa/esperanza. Date un búfer.

15. Si parte de su día involucra tareas repetitivas rutinarias, llevar un registro de cuánto toman y luego tratar de hacerlas más rápido.

Triunfador

16. Dar un paso más y establecer plazos concretos para las tareas rutinarias. Trabajo tiende a llenar cualquier cantidad de tiempo que tienes.

17. Establecer sistemas eficientes inteligentes para todas sus tareas, grandes y pequeños y atenerse a ellas.

18. Valor de su tiempo. La gente que vagan en el espacio de trabajo para charlar no respeta usted o su horario. Establezca límites.

19. Cuando y donde se puede decir que no. Tratando de hacer todo lo que todo el mundo le pide que haga es una receta para el fracaso.

20. En general, protección contra sobre programación de ti mismo.

21. Línea inferior a los artículos 19 y 20: aprender a delegar, dondequiera que y siempre que puedas.

22. Pretenden manejar piezas de papel sólo una vez. Lo mismo para mensajes de correo electrónico. Léalas y lidiar con ellos.

23. Prémiese por completar las tareas a tiempo. No es divertido cosas hasta que las cosas del trabajo está hecha.

24. Organizar su espacio de trabajo para que no pierde el tiempo buscando cosas.

25. Programar tareas exigentes para esa parte de su día, cuando estés en la cima.

26. Grupo relacionados con tareas (por ejemplo, clasificar documentos en su escritorio y luego limarlas). Es más eficiente.

27. Uso por tiempo (por ejemplo, esperando las reuniones comenzar) para, por ejemplo, actualizar su lista de tareas o responder a mensajes de correo electrónico.

28. Esta recomendación se aplica a la vida fuera del trabajo, también. Es mejor ser excelente en un par de cosas que el promedio en muchos.

29. No tenga miedo de hacer temprano los proyectos. Les lleva de tu mente, y no significa que se le sólo dará más que hacer.

30. Crear el ambiente de negocios que funcione para usted. Ajustar la iluminación, desactivar las notificaciones de correo electrónico y obtener esa taza de té. En el escenario y llegar al trabajo.

CAPÍTULO 19

Plan sobre el cerebro

T más sorprendente de la raza humana es que somos capaces de hacer cualquier cosa cuando juntamos nuestras mentes. Su camino hacia el éxito se llenará con muchos baches y vueltas rápidas. Así que sería mejor si tomaste un grupo con usted! El hecho del asunto es que no podemos hacerlo por nosotros mismos. La manera mejor y más rápida para alcanzar tus metas es tener un grupo de "cerebro" detrás de ti para apoyo. Puede haber algunas áreas que podemos requerir ayuda en. Sería genial si éramos expertos en todo. Pero la verdad es que no somos perfectos. Montaje de un grupo de "cerebro" no sólo mejorará las posibilidades de llegar a su destino final antes, pero lo harás allí intacto y enteros. Es genial que la gente que son fuerte en las áreas que usted no puede ser tan fuerte en el. Esto debería ser la primera etapa de planificación cuando usted decide lo que quieres hacer.

Muchas compañías que están arriba y corriendo con éxito ahora empezaron con un pequeño grupo de individuos que comparten un sueño similar. Es insensato creer que lo harás por tu cuenta. Así que esto una prioridad cuando primero comienzas. Incluso autor de rey de la leyenda tiene su mesa redonda con su reina, su mago Merlín y sus caballeros más confiables. Dentro de esta historia, aprendemos que rey autor no puso en marcha el Reino un Camelot por sí mismo. A menudo buscó consejo de su grupo cuando se trataba de los asuntos del Reino. Así que,

Triunfador

básicamente, se necesita ayuda para construir su imperio. Dentro del grupo de "cerebro" usted aprenderá cómo:

" Interfaz con gente móvil inteligente, delantera

" Tienen un ambiente seguro para compartir ideas

" Tienen otras mentes centrados por un período de tiempo en sus ideas innovadoras específicas o desafíos

" Tienen una curva de aprendizaje acortada cuando participan en nuevos emprendimientos

" Adquirir conocimientos especializados

" Aumento de inspiración

" Se benefician de la experiencia y la sabiduría del grupo

" Contribuir con su propio conocimiento especializado a los demás

" Superar ansiedad

Triunfador

¨ Ampliar tus habilidades

¨ Empoderar a ti mismo para lograr el éxito.

Su grupo de cerebro debe tener no más de seis miembros. Que su grupo termina siendo demasiado pequeña, pierdes dinámica y diversidad de ideas. Sin embargo, cuidado si se pone demasiado grande. Esto puede causar las reuniones del grupo durar mucho más. Que no es necesariamente tan malo. Pero la gente podría tener presionando asuntos que atender en su propia vida personal.

Tener este tipo de grupo puede ayudarle a elaborar un plan para su curso de acción que debe ser tomado para alcanzar la meta atendida. Ha habido muchas empresas por ahí que no comienzan con este grupo y fracasaron porque no tenían los conocimientos en cada área para prosperar. Una vez más y debo hacer hincapié en este punto, debe encontrar personas que tienen el mismo objetivo en mente como haces o el grupo se va a desmoronar debido a las

Triunfador

diferencias de opinión. En este grupo, todo debe moverse como una sola mente. Así que ten cuidado al elegir tu gente. Su grupo también debe cumplir al menos dos veces por semana para discutir nuevas ideas y conceptos que podrían tomar el progreso al siguiente nivel. Estas reuniones deben ser no más de 1 a 2 horas cada vez. Asegúrese de escribir cada nueva idea y concepto que puede haber sido mencionado en la reunión. Puede que necesites más tiempo para cortar cada idea y ver donde puede caber en su plan. Recuerde, la planificación es como armar un rompecabezas de tablero. Toma tiempo, pero finalmente se verá el cuadro entero.

Realmente es una sensación maravillosa cuando están rodeados con personas con ideas afines que quieren el mismo resultado como lo haces. Esto empujará aún más rápido su progreso. Nosotros, como seres humanos, siempre estábamos destinados a trabajar juntos para alcanzar un objetivo común. Dos mentes o más es definitivamente mejor que en este caso. La planificación es esencial para que usted logre la llave maestra del éxito. Sin

Triunfador

él, te quedan será nada pero intentos fallidos y tal vez no volvamos a ver sus planes de fructificar. Así que mejor estarías preparado para nada!!!

!

Triunfador

CAPÍTULO VEINTE

Destacarse y ser visto

A persona que destaca entre la multitud es alguien que está cómodo con quién están, cuenta con la confianza de ser únicos y permitir que su individualidad brillo. Destacándose desde los medios de gente que no tiene miedo a decir lo que piensas y evitar siguiendo otros cuándo hacer resultados tanto en la uniformidad y conformidad. Una persona que destaca entre la multitud puede ser alguien cuyo aspecto llamativo de alguna manera, pero más a menudo que no, es alguien que genera admiración y es

Triunfador

recordado por otros por ser alguien especial y digno de ver a.

Mientras que destacar de la multitud no podría ser algo que puede lograr todos los días de tu vida, definitivamente es una meta de mérito a lo que aspirar en su conjunto, especialmente si le ayuda a alcanzar sus otras metas en la vida. Todos nacimos para brillar como hacen los niños. Mucha gente diría que sólo la gente tiene la "suerte" de ser descubierto y convertido en una superestrella. Pero si miras de cerca, es probable que ellos fueron detenidos porque estaban parados hacia fuera el resto de la multitud. Parado en una manera positiva puede hacer maravillas para usted dentro de su vida, el trabajo de tus sueños, o en el mundo de los negocios. Por que ir tras tus sueños y hacer lo que desea hacer en esta vida, ya estás de la mayoría de la gente hoy. Tienes el coraje para arriesgarlo todo para asegurar que cumples tu cabeza "destino" en! Eso lo hace especial. Pero todo el mundo puede ser especial a su manera. Basta con encontrar el valor interno.

Triunfador

Todo comienza cuando usted decide qué destacar entre la multitud significa para usted. ¿Esto es sobre mirando tan diferente a los demás a tu alrededor puede estar o es de ir la milla extra para demostrar que usted es uno de los tipos de habilidades, talento o personalidad? Destacan entre la multitud podría ser tratar de vivir mejor y ser mejor. O, tal vez sea por tratar de tener un estilo único o Mira que tú mismo has creado sin endeudarse con ideas de las otros. En su forma más básica, destacándose desde el medio de la multitud abrazando su individualidad y confiando en que tus propias decisiones son buenas. La persona que estás proyectando hacia fuera a todo el mundo se destaca más con éxito si estás completamente seguro de ti mismo.

Saliendo de la multitud también significa que puedes pensar por ti mismo. Destaca de la muchedumbre no sucederá si estás pensando con la multitud. Mientras que habrá momentos cuando la multitud-creo que se alinea con sus propios pensamientos, ¿qué pasa con todas las veces no? Esté preparado

Triunfador

para expresar sus diferencias, sus preocupaciones y sus preferencias. Cuando se habla, es importante venir a través como self-assured y conocedores, así que asegúrese de haber hecho su investigación y saber de antemano los hechos.

Trata de no se dejen llevar por la multitud. El ritmo de la multitud puede ser implacable y la facilidad con la cual la gente puede cambiar su mente, su ropa o su último grito es impresionante. Apenas alguien entre la multitud detiene un momento para preguntarse si este impulso compartido es responsable en un cuadro grande forma o sea consciente de las necesidades individuales. Si quieres destacar entre la multitud, vas a tener que parar y las preguntas difíciles, tales como "tiene un punto esto?" o "sólo porque todo el mundo tiene X gadget, por qué necesito también uno? Mejorará mi vida?"

Tomar riesgos o posibilidades, invertir su tiempo y trabajo duro. Los riesgos y posibilidades son las cosas de la vida que te puede catapultar hacia adelante si funcionan

Triunfador

hacia fuera. Mucha gente no acepta el reto porque tienen miedo de la falta. Sin embargo, sin falta nada nuevo puede ser adquirida y es sólo aquellos que están dispuestos a asumir riesgos y a trabajar duro en sus sueños que eventualmente abrirse paso y triunfar. Tienen un sentido bien colocado de la fe en su misión y la disposición a asumir riesgos si quieres sobresalir entre la multitud.

Trate de hacer las cosas diferente. Encontrar nuevas formas para llamar la atención y permanecer notada. Muchas personas han descubierto cómo crear empleos o perfiles de alta por sí mismos mediante el uso de la internet de maneras asombrosas, como blogs, trucos, vídeos y mucho más. Por ejemplo, Kyle Clarke creó una campaña en línea llamada "contratar" en el que animó a los empresarios a hacer una oferta por él y terminó con más ofertas de trabajo que él sabía qué hacer con en una época de recesión. Y Alex Tew inventó la página millones de dólares para recaudar dinero para su educación universitaria, copiada hoy

Triunfador

en una página web en la que vendió 1 millón de píxeles, le ganan en total más de 1 millón de dólares y generando muchos. Y por supuesto hay sitios como Facebook y Twitter, demostrando el poder de ser los primeros para hacer las cosas diferente y destacar entre la multitud. Este tipo de iniciativas únicas está obligado a hacer que sobresalga entre la multitud; Sólo tendrás que ser el primero en hacer algo diferente.

Una cosa que mi abuela me dijo hace años y siempre se me quedó fue que modales lugares dinero nunca lo hará. Y lo hace! En realidad, modales definitivamente ayudará en esa zona. *Cortesía abre puertas y mantiene que los abran. Modales pueden parecer anticuados para algunos estos días pero son la moneda de respeto y cuando una persona se siente respetada, recuerdan la persona educada para siempre. La gente está muy encariñada otro contando el raro conocido suyo que tiene "impecables modales"; Asegúrese de que esa persona es usted.*

Es las pequeñas cosas que contar. Pequeñas cosas tales como:

Triunfador

- *Decir gracias por todo el pueblo de pequeñas cosas, así como las grandes cosas. Enviar tarjetas de agradecimiento a quienes te han ayudado con una fecha límite, sostenida una puerta abierta para cuando tus manos estaban llenos, o te sacaron para una velada. En el negocio también es muy importante cuando has conectado con la gente te ayudará en tu camino.*

- *Sacudir las manos con fuerza y pasión. Enseñarles desde el principio que eres alguien con corazón y convicción.*

- *Sonrisa. Nunca hay suficientes sonrisas para todos; ser alguien que ofrece sonrisas por lo menos cinco para cada uno el ceño mancha.*

Hacer lo que dices que vas a hacer. En otras palabras, ser un hombre o una mujer de palabra. Cuando hace una promesa a

Triunfador

alguien, haz lo mejor mantenerlo. Personas que se destacan entre la multitud son personas que mantienen su palabra y sus promesas de ayuda, para que sea un lugar, para hacer algo por alguien de seguimiento. La razón por la que se destaca es porque para que muchas personas no hacen lo que dicen que lo harán. Confiabilidad hace memorable y provoca que se ponga bien sobretodo los promesa olvidados-interruptores.

Mostrar iniciativa. Destacan entre la multitud a menudo significa que tome acción mientras todos los demás soportes hacia atrás, preguntándome qué hacer a continuación. Si aprendes a resumir rápidamente las situaciones y a responder de acuerdo con lo que debe hacerse, usted pone en una posición de ser diferente a la mayoría silenciosa esperando lo que debe pasar.

Allí era una época donde en historia donde mostrar iniciativa era lo más cool. Hoy en día que usted puede conseguir interrumpido por ello. No preste atención a aquellos que se burlarán de ti porque mostró iniciativa. Eso

Triunfador

solo demuestra que tienes lo que se necesita para ser exitoso. Aquellos que carecen de la iniciativa no son autónomos y probablemente terminará un día de trabajo para ti! Yonnovate en el trabajo, la escuela, en casa y en su grupo de voluntarios. Sea el primero en señalar lo que funciona y lo que no es y cómo aprovechar al máximo lo que es genial y mejorar en lo que no es. Liderazgo requiere tenacidad y certeza del propósito y asegurará que se destaca de la muchedumbre. Además, si ves a alguien en problemas, no asumas reciben ayuda. Parar y preguntar si necesitan ayuda para cambiar el neumático, o a recoger sus papeles cayó. Llamar a la policía si ve a alguien en un grave problema y es demasiado peligroso intervenir; No asuma que alguien ya lo ha hecho!

Ahora, cuando se trata de negocios o entrar en un esfuerzo que requiere una buena imagen, usted debe procurar vestir elegantemente y usar lo que más te convenga. Ropa habla de su propia manera, y un equipo bien a medida que queda perfectamente está destinado a que la gente cuenta. Consigue equipado con buena ropa y comprar algunos de los mejores en lugar de muchos de los más baratos. Ropa durable, perfectamente ajustada te librará de tener que preocuparse por su apariencia porque sabes que se ve bien, sea física atributos nacieron con. También debe asegurarse de buen aseo también. Mantenga su cabello en forma fantástica y su for. de piel y las uñas limpias y cuidadas

  Su toma más de vestir bien destacan sin embargo. Asegúrese de que usted comprobar su postura. La persona que se destaca de la muchedumbre también apoyará alto, sin importar su altura. Con los hombros caídos es una estrategia defensiva que no hace nada para llamar la atención que en una multitud, por no mencionar su daño para su alineación general del cuerpo. Si estás teniendo dificultades de pie, hablar con un fisioterapeuta que podría ser capaz de ayudarle a mejorar su postura a través de ejercicios y estiramientos. Aunque normalmente, es suficiente para recordar a

Triunfador

mantenerte erguida, no te desalientes y hacer contacto visual con los demás.

Una broma que puede mostrar otras personas de importancia y que le llevará un largo camino con ellos está mostrando su atención. El honor más grande que puedas hacer a otra persona es mostrar realmente los oyeron, y para demostrar que lo que han dicho los asuntos. Puesto que la mayoría de las personas está demasiado ocupada preguntándose qué decir a continuación y explicar sus propios pensamientos, sentimientos e ideas, un oyente se destaca del resto. Estar dispuesto a dar a la gente el espacio para hablar de sí mismos y demostrar que respetas claramente sus pensamientos. No sólo se esto los halaga y asegurarles que importan, pero dará cuenta muy rápidamente que eres alguien para atesorar y seguiré tu ejemplo. Deja el teléfono celular en los restaurantes, en las reuniones y durante las conversaciones. ¿Tener un romántico conseguir juntos? Apagar el teléfono celular enseguida. ¿Charlando con los amigos? Deje el teléfono celular en su bolso, aun cuando

Triunfador

suena. También se beneficiaría para dejar tus ojos de vagar alrededor de la multitud cuando estás con alguien. Centrarse plenamente en ellos y estar verdaderamente interesado en ellos; Esto les mostrará que son el uno destaca entre la multitud de tus ojos. A su vez, te verán como la más increíble persona alrededor de.

Y lo último y lo mejor que puedes hacer para single out es recordar a la gente cuán grande son. Regularmente solo gente en tu vida, desde el lugar de trabajo a casa, para recordarles lo grande que son. Así que pocos de nosotros toman el tiempo para reconocer a las personas en nuestras vidas que damos por hecho cuando alguien nos validar de esta manera, viene como una sorpresa totalmente dulce y está tan fuera de lo común que se consigue recordar. También es una forma muy auténtica de establecer relación con personas y mantener la buena voluntad.

Caminando por el sendero para alcanzar tu sueño será un camino largo y sinuoso. Pero como dije antes, puede ser tanto como lo haces. Tendrá sus altibajos. Te encontrarás

Triunfador

con personas que influirán enormemente en tu vida y las personas que sólo estaban destinados a ser un obstáculo para poner a prueba su carácter. Nunca se sabe lo que la vida con tiro a ti a continuación. Así que es mejor estar preparados para ello. Siga estas pautas que he provisto para usted dentro de los contenidos de este libro y verá cambios dramáticos en su vida. Eso te cambia probablemente nunca pensé posible. Su destino, su destino, su propósito es lo que haces de ella. Puedes tenerlo que deseas. Todo lleva un pensamiento a cambiar todo. Siga su felicidad y cuida el dinero seguirte. Ve por tu peso ideal con convicción inquebrantable y cuidado a transformar en una persona que nunca pensó que existía. Este es su universo y es la pieza central a él. Es tu turno para ser uno de los grandes.

Triunfador

"¿Quién soy yo para ser tan audaz para creer que yo puedo tejer mi nombre en la tela de la historia mundial? Por otra parte, quién soy yo para no creer?"- Lorenzo Sellers

SOBRE EL AUTOR

Lorenzo L Sellers, nació el 27 de octubre de 1987 en un pequeño pueblo llamado Orangeburg dentro del estado de Carolina del sur. Vivió con su joven hermano Avery Sellers, su hermana mayor Donyelle Williams y su madre Mary vendedores. Sus aspiraciones de escritura comenzaron cuando tenía 10 años mientras que él vivió con su abuela ya fallecida, Ellen Williams quien lo inspiró a seguir escribiendo. Pero su pasión por la se desplomó después de su muerte. 7 años más tarde, se unió a la marina estadounidense con la esperanza de encontrar su propósito. Después de 7 años de servicio militar, Lorenzo se inspiró una vez más que después se dio cuenta que su pasión era ayudar a las personas cambiar positivamente sus vidas después de la muerte de su padre, Samuel vendedores. Ha ayudado a impulsado muchas vidas por inspirándoles a aprovechar su potencial oculto y mostrarles cómo lograr sus sueños. Mientras sigue sirviendo a su país, ahora está trabajando para convertirse en un exitoso conferencista motivacional, entrenador de éxito o de negocios y autor. Aunque su objetivo principal es ayudar a las jóvenes generaciones desbloquear su potencial antes de graduarse de secundaria y Universidad, sus esperanzas son ayudar a las empresas encender ingresos adicionales y aumentar el valor dentro de las empresas. Su sueño es que algún día ser una inspiración internacional a la gente y cambiar el mundo. Planea escribir más libros en el futuro como hace un nombre por sí mismo como *"Te Game Changar"*.

Empezó su propia compañía titulada Te Life Mastery Fundación, con la esperanza de que servirá como un vehículo para conducir sus sueños de cambiar el mundo en una realidad. La Fundación de maestría de vida está avanzando para ayudar a millones de personas ganar una nueva perspectiva de vida como enseñan cómo uno puede dominar su propia vida y alcanzar metas que ellos puedan desear. Esta empresa se dedica a ayudar a la mayoría de nuestros jóvenes en las escuelas secundarias y Universidad incluso alcanzar la mentalidad de éxito y el estilo de vida que desean. El objetivo principal de esta empresa es no sólo para ayudar a grandes empresas a aumentar sus ingresos, sino también ayudar a cortar la lucha que ocurre dentro de la transición de estudiantes de la vida escolar al mundo real. Éxito conducido, la vida maestría Fundación no fallan en sus objetivos y voluntad crear una economía mejor para todos.

.

www.ingramcontent.com/pod-product-compliance
Lightning Source LLC
Chambersburg PA
CBHW051639170526
45167CB00001B/252